The Believer's Authority

Legacy Edition
Expanded With New Material

Kenneth E. Hagin

믿는 자의 권세

새로운 자료로 보강된 **생애기념판**

케네스 해긴 지음 | 김진호 옮김

믿음의말씀사

The Believer's Authority
Legacy Edition
by Kenneth E. Hagin

ⓒ 2004 RHEMA Bible Church
AKA Kenneth Hagin Ministries, Inc.
P. O. Box 50126 Tulsa, OK 74150-0126 U.S.A.
All Rights Reserved.

2007 / Korean by Word of Faith Company, Korea.
Translated and published by permission
Printed in Korea.

믿는 자의 권세 (생애기념판)

발행일 2007. 2. 15 1판 1쇄 발행
        2025. 7. 31 1판 9쇄 발행

지은이 케네스 해긴
옮긴이 김진호
발행인 최순애
발행처 믿음의말씀사
2000. 8. 14 등록 제 68호
우) 18365 경기도 화성시 만년로 915번길 27 B동
Tel. 031) 8005-5483 Fax. 031) 8005-5485
http://faithbook.kr

ISBN 89-90836-40-9 03230
값 18,000원

본 저작물의 한국어판 저작권은 케네스 해긴 목사님을 통해 FAITH LIBRARY와의 독점 협약으로 '믿음의 말씀사'가 소유합니다. 저작권법에 의해 한국 내에서 보호를 받는 저작물이므로 무단 전재와 복제를 금합니다.

믿음의 방패 마크는 미국 특허청에 등록된 RHEMA Bible Church, AKA Kenneth Hagin Ministries, Inc.의 마크이므로 복제하여 사용할 수 없습니다. (The Faith Shield is a trademark of RHEMA Bible Church, AKA Kenneth Hagin Ministries, Inc., registered with the U.S. Patent and Trademark Office and therefore may not be duplicated.)

목차

케네스 해긴 주니어의 서문 _ 7
서문 _ 12
역자 서문 _ 14
케네스 해긴의 생애와 유산 _ 19
세월의 자취 _ 46

01 바울의 기도 _ 55
02 권세란 무엇인가? _ 63
03 그리스도와 함께 앉음 _ 69
04 마귀의 권능 부수기 _ 81
05 권세의 행사 _ 91
06 그리스도와 함께 살아나다 _ 115
07 우리의 전쟁 무기들 _ 123
08 인간의 의지에 대한 권세가 아니라,
　　 마귀의 영들에 대한 권세 _ 129

부록 01 사탄과 귀신들에 대한 믿는 자의 권세 _ 151
부록 02 정신 이상에 대한 믿는 자의 권세 _ 193
부록 03 기도의 권세 _ 221
부록 04 당신의 일을 간구하라 _ 243

케네스 해긴 주니어의 서문

주일 아침, 나는 나의 아버지께서 파머스빌에 있는 그의 교회에서 설교를 하고 있는 도중에 할머니의 농장에서 태어났습니다. 그날 오후 아버지께서 할머니의 집에 도착했을 때, 아버지께서는 나를 안아 들고서 주님께 나를 드렸다고 아버지는 내게 말씀하셨습니다.

어머니는 아버지께서 처음으로 한 질문 중에 하나가 "언제쯤 내가 이 아이를 데리고 달릴 수 있을까?"였다고 말씀하셨습니다.

나의 아버지는 이런 분이셨습니다.

2003년 9월 19일, 케네스 이 해긴Kenneth E. Hagin, 나의 아버지, 나의 멘토, 나의 영적 지도자, 나의 아빠는 주님과 함께 있기 위해 떠나가셨습니다. 나에게 믿음과 야구에 관해서 그렇게 많은 것을 가르쳐 주셨던 그 분은 더 이상 그가 늘 말하던 "흙으로 된 옷" 안에 있지 않습니다.

자라면서 나는 너무나 많은 것을 아버지로부터 배웠습니다. 어떻게 하나님을 믿는지, 어떻게 파리를 잡는지, 내가 가지고 있는 모든 것을 내가 하는 모든 것에 어떻게 적용시키는지를 가르쳐 주셨습니다. 말로만 가르친 것이 아니었습니다. 나는 아버지를 지켜보면서 많은 것을 배웠습니다.

사람들은 나의 아빠에게서 축구 경기를 구경하면서도 때때로 입을 움직이고 있는 것을 발견할 수 있었을 것입니다. 여러분도 가까이서 그분을 보셨다면 아버지께서 방언으로 기도하는 소리를 들었을 것입니다. 나도 아빠와 똑같이 하기 시작했습니다.

사람들은 내게 "어떻게 축구 구경을 하면서 동시에 기도를 할 수 있느냐?"고 물었습니다. 나는 그런 사람들에게 이렇게 말합니다. "나는 나의 아버지를 지켜보면서 배웠습니다. 그분은 나의 모범이 되셨습니다." 아빠는 내게 늘 이렇게 말씀하셨습니다. "네가 무엇을 하고 있든지 기도하는 태도를 지니고 있어라."

나는 한 사람으로서의 아버지에 관하여 오랫동안 글을 쓸 수 있겠지만, 한 목회자로서의 아버지는 우리 모두가 그 위에 집을 지을 수 있도록 기초를 놓으셨습니다. 그분은 우리에게 너무나 많이 주셨습니다. 그분은 자기가 어떻게 가리라고 말씀하시던 그대로 본향으로 가셨습니다. 그분은 아침 겸 점심을 드시고 나의 어머니를 쳐다보시고 미소를 지으셨습니다. 그리고 그것이 그의 마지막이었습니다. 이제 우리는 어떻습니까? 우리는 어떻게 하지요? 아버지의 떠남은 우리에게 슬픔을 가져왔지만 동시에 우리를 헌신할 곳으로 이끄셨습니다. 아버지는 가셨지만 그 일은 지속되어야만 합니다.

한편으로 우리는 아빠와 함께 했던 모든 시간들을 뒤돌아보며 감사할 수 있습니다. 그러나 또 한편으로는 기대를 가지고 미래를 바라보며 하나님께서 우리를 위해 가지고 계신 계획들을 바라보아야 합니다! 우리는 아빠가 뒤에 남기고 가신 겉옷을 입고 달려야합니다.

우리 중 많은 사람들이 아빠의 삶을 통해 어떤 면으로든지 영향을 받았으므로 그 결과 우리도 아버지께서 하나님으로부터 받은 명령인 가서 내 백성에게 믿음을 가르치는 일 *Go teach My people faith* 을 수행하도록 부름 받았습니다. 우리 모두는 이를 이루기 위해 할 일이 많은 사람들입니다!

우리 케네스 해긴 사역단체는 타협하지 않은 하나님의 말씀을 계속해서 가르치고 이 잃어버린바 된 죽어가는 세상에서 우리가 할 수 있는 모든 심령을 감동시킬 것입니다.

이것이 우리가 아빠의 새로운 내용을 더해서 *"믿는 자의 권세 생애 기념판"*을 펴내는 이유 중에 하나입니다. 마흔 아홉 개 언어로 번역된 이 가르침은 온 세계에 수백 만 명의 삶에 영향을 끼쳤습니다.

이 책을 읽고서 변화된 삶에 관한 수많은 간증들이 우리 사무실에 쏟아져 들어오고 있습니다. 여기 몇 가지만 소개합니다.

"내 친구가 내게 「믿는 자의 권세」를 주어서 나는 너무나 감사했습니다. 오늘 나는 감옥에 갇혀 있지만 나는 내 평생 가져보지 못했던 깊은 평안을 가지고 있습니다. 나는 감옥 밖에 살 때보다 지금 감옥 안에서 더 자유 합니다."

— 제리 곳센

"나는 당신의 많은 책들을 읽었지만 「믿는 자의 권세」 같이 나의 삶을 변화시킨 것은 없습니다. 내 어린 아들이 곰팡이 균으로 말미암은 아구창thrush을 여섯 달 동안 앓았었습니다. 어느 날 밤 믿는 자의 권세를 읽고서 나는 마침내 이해하게 되었습니다. 나는 사탄에게 내가 살아계신 하나님의 아들이란 것과 사탄은 내 삶에 어떤 권세도 주장할 수 없다고 말하기 시작했습니다. 그보다 더 좋은 것은 나는 사탄에게 내가 나의 큰 형님이 누구인지 알아내었으며 내 아기를 놓아 주는 것이 좋을 것이라는 것을 알려 주었습니다. 말할 필요도 없이 병은 즉시 사라지고 다시 재발하지 못했습니다."

— 안젤라 아다모

"서점에 있는데 성령님께서 나를 당신의 책 「믿는 자의 권세」로 인도하셨습니다. 나의 남편의 몸에 대한 공격에 대비하기 위해 하나님께서 나를 준비시키는 것이란 것을 나는 전혀 몰랐습니다. 복잡한 찻길에서 운전을 하던 중에 나의 남편은 심한 뇌졸중에 걸렸습니다. 그는 좌 반신이 완전히 마비되었으며 말을 분명하게 할 수 없었습니다. 우리 차에는 전화가 있었지만 911전화로 응급 구조대를 부를 생각은 떠오르지 않았습니다. 믿음이 살아나고 말씀이 생각났습니다. 나의 남편은 15분 내에 완전히 회복되었습니다."

— 알란과 아이린 트래스크

간증들은 계속되고 있지만 당신은 이 가르침을 통하여 어떻게 삶이 변화되고 있는지 알게 되었으리라고 생각합니다.

나는 말로 표현할 수 없을 정도로 나의 아빠가 그립습니다만 아버지께서는 그의 가르침과 변화된 사람들의 삶을 통하여, 그리고 "가서 나의 백성에게 믿음을 가르치기"로 작정한 사람들인 우리를 통하여 살고 계십니다.

Kenneth Hagin Jr

서문 (1986년판 서문)

1940년대에 나는 "우리가 알지 못해서 아직 발견하지 못하거나 사용하지 않고 있는 권세가 있지 않을까?"라고 자문했었습니다.

나는 이따금 영적 권세에 대해 작은 깨달음을 갖고는 있었습니다. 다른 사람들과 마찬가지로 나는 그것을 무시하다가 넘어지기도 했고, 내가 하고 있는 일이 무엇인지 알지도 못하고 권세를 행사하기도 했습니다. 그럴 때마다 "하나님의 영께서 내게 무엇인가를 보여주려고 하시는 게 아닌가?" 하고 생각했습니다. 그래서 나는 이 느낌에 따라 연구하기 시작하였고 생각하고 묵상하였으며, 마침내 나는 점점 깨닫기 시작했습니다.

「오순절 복음The Pentecostal Evangel」이란 잡지의 한 글이 "권능"과 "권세"란 말에 대해 연구하도록 나를 부추겨 주었습니다. 그 때 나는 후일 「주간연맹The Alliance Weekly」지를 편집하였던 존 A. 맥밀란이라는 중국 선교사님이 쓴 「믿는 자의 권세」란 제목의 놀라운 팜플렛을 읽게 되었습니다(그의 팜플렛은 몇 년 전에 재출판 되었는데

Christian Publications, Camp Hill, Pennsylvania로부터 구할 수 있었습니다).

그 연구 결과로 저는 교회가 이 땅 위에서 아직도 깨닫지 못한 권세 - 우리가 사용하지 않고 있는 권세 - 를 소유하고 있다는 결론을 내렸습니다.

우리 중 몇은 그 권세의 가장자리에 겨우 이르렀습니다.

그러나 예수님께서 다시 오시기 전에 믿는 자들의 권세를 가지고 일어서는 많은 그리스도인들이 있을 것입니다. 그들은 믿는 자들이 가지고 있는 것이 무엇인지 알 것이며, 하나님께서 믿는 우리에게 계획하셨던 일을 행할 것입니다.

Kenneth E. Hagin

역자 서문

　내 마음에 있는 그 의자에서 내가 내려앉고, 그리스도께서 앉으시도록 한 거듭난 성도의 마음을 그린 그림을 보셨을 것입니다.
　"하나님의 나라가 가까이 왔으니 회개하고 복음을 믿으라"(막 1:15)
　요한이 잡힌 후, 갈릴리에 오셔서 하나님의 복음을 전파하신 예수님께서 하신 말씀입니다.
　예수 그리스도를 통하여 도래한 하나님이 다스리는 나라는 각자의 생각을 바꾸는 데 달렸습니다. 성경은 죄인의 본성을 가지고 태어난 인간이 "마음에 하나님 두기를 싫어하매 하나님께서 그들을 그 상실한 마음대로 내버려 두사 합당치 못한 일을 하게 하셨다"(롬 1:28)고 하셨습니다.
　그러나 그리스도인이 예수님처럼 생각하고 말하고 행동할 때 하나님의 나라는 내 안에, 나를 통하여, 내가 있는 곳에 임하는 것입니다. 하나님께서 아들을 보내사 이루신 구원의 기쁜 소식을 듣고 그를 구원자와 주님으로 마음에 영접하여 모시고 그 분이 다스리도록 나의 영과 혼과 몸을 양보할 때 하나님의 통치, 즉 하나님의 나라가 그곳에 임하시는 것입니다. 이것이 바로 진정한 기독교입니다.

사도 바울은 자신에게 이루어진 하나님의 나라를 가리켜 이렇게 말했습니다.

"내가 그리스도와 함께 십자가에 못 박혔나니 그런즉 이제는 내가 사는 것이 아니요 오직 내 안에 그리스도께서 사시는 것이라 이제 내가 육체 가운데 사는 것은 나를 사랑하사 나를 위하여 자기 몸을 버리신 하나님의 아들을 믿는 믿음 안에서 사는 것이라"(갈 2:20).

자신이 그리스도와 함께 십자가에 못 박혔다고 말한 바울의 고백을 "십자가의 신앙"이라고 한다면, 이제 그리스도를 "죽은 자들 가운데서 다시 살리시고 하늘에서 자기의 오른편에 앉히사 모든 통치와 권세와 능력과 주권과 이 세상뿐 아니라 오는 세상에 일컫는 모든 이름 위에 뛰어나게 하시고 또 만물을 그의 발아래에 복종하게 하시고 그를 만물의 교회로 삼으신"(엡 1:20-22) 것과 똑같이 "허물로 죽은 우리를 그리스도와 함께 살리셨고 또 함께 일으키사 그리스도 예수 안에서 함께 하늘에 앉히신"(엡 2:5-6) 것을 깨닫는 것은 "부활의 신앙"이라고 할 수 있을 것입니다.

그러므로 발달된 기술로 인하여 예수님께서 그 몸으로 당한 끔찍한 고통은 영화를 통해서도 잘 표현될 수 있지만, 십자가 위에서 예수님의 영이 그의 몸을 떠난 후 사흘 동안 있었던 일은 영화로 묘사할 수 없는 영적인 세계에서 일어난 일입니다.

성경은 "그가 음부에 버림이 되지 않고"(행 2:31), "그가 사망에

매여 있을 수 없었다"(행 2:24)고 말하고 있습니다. 분명히 예수님은 몸으로만이 아니라 혼과 영으로 죄의 값을 다 치르시고 사흘 후에 일으키심을 받았습니다.

부활하신 주님은 "이제 세세토록 살아 있어 사망과 음부의 열쇠를 가졌으며"(계 1:18), "모든 통치자들과 권력자들의 무장을 해제시키시고, 그들을 그리스도의 개선 행진에 포로로 세우셔서, 뭇 사람의 구경거리로 삼으시고"(골 2:15, 표준개정), "하나님 우편에 앉으사 그 후에 자기 원수들을 자기 발등상이 되게 하실 때까지 기다리고"(히 10:12-13) 계십니다.

부활하신 그리스도와 함께 바로 그 자리에 함께 앉아 있는 '권세를 가진 그리스도인들'이 이 권세를 가지고 통치하며 다스릴 하나님의 나라는 바로 여기서부터 시작됩니다.

신약 성경 마지막 책은 이렇게 요약해서 표현하고 있습니다.

"우리를 사랑하사 그의 피로 우리 죄에서 우리를 해방하시고 그의 아버지 하나님을 위하여 우리를 나라와 제사장으로 삼으신 그에게 영광과 능력이 세세토록 있기를 원하노라 아멘"(계 1:5-6).

흠정역 성경에는 "나라" 대신에 "왕"이라고 표현되어 있습니다. 다시 말하면 우리를 죄에서 해방하셔서 자유인이 되게 하신 하나님께서는 우리가 이 세상에서는 왕으로서 하나님의 나라를 대신하는 대사의 권세, 왕자의 권세, 그리스도와 함께하는 공동 상속자의 권세로 다스리도록 하셨으며, 하나님께 대하여서는 제사장으로서 섬길 수 있도록 하셨습니다. 바울은 이것을 "한 분 예수 그리스도를 통하여 생명 안에서 왕 노릇 한다"(롬 5:17)고 하였습니다.

결론적으로 말하면, 구원받은 성도의 이 땅에서의 삶은 제사장으로서 하나님을 섬기는 일과 왕으로서 세상을 다스리는 것입니다. 하나님의 왕국을 대신하는 왕은 자신에게 부여된 권세를 사용하여 하나님의 뜻이 이 땅 위에서 나를 통하여 이루어지도록 다스려야 할 것입니다. 하나님의 자녀와 교회에 주어진 이 권세를 알고 사용하는 데 이 책은 지난 반세기가 넘도록 엄청난 기여를 하였습니다. 권세는 당연히 능력으로 나타나는 데 바울은 에베소 교회를 위한 기도에서 마지막으로 이렇게 기도함으로 이 권세를 아는 것의 중요성을 보여 주었습니다.

"그의 힘의 위력으로 역사하심을 따라 믿는 우리에게 베푸신 능력의 지극히 크심이 어떠한 것을 너희로 알게 하시기를 구하노라"(엡 1:19).

1999년 가을부터 2000년 5월까지 털사에서 케네스 해긴 목사님으로부터 직접 강의를 들을 수 있었던 기간은 저와 제 아내에게는 너무나도 복된 시간이었습니다. 믿는 자의 권세를 알고 사용하여 자신을 향한 하나님의 뜻을 따라 살았던 분, 믿음으로 병상에서 일어서 십대부터 거의 60년 동안 영적으로 성장하며 믿음과 사랑에서 많은 사람들에게 삶과 말씀으로 본을 보여준 분, 지금도 그분이 강의하러 들어오면 함께 임했던 그리스도의 임재의 분위기가 느껴지는 듯합니다.

지난 7년 동안 그분이 쓰신 귀한 책들을 한 권씩 번역하여 한국에 소개할 수 있었던 것은 제게는 너무나 큰 나눔의 축복이었습니다. 이제 바울이 전파했고, 해긴 목사님이 믿고 삶으로 증거한 이 "믿음의 말씀"(롬 10:8)이 진리를 사모하는 성도들의 입을 통하여 이 나라 뿐만 아니라 한국인 선교사들이 가는 그 나라까지 전파되어 하나님의 나라가 이루어지는 것을 바라봅니다.

2007년 2월 1일

탄천이 보이는 나의 골방에서

김진호 목사

새로운 피조물 미니스트리 대표
예수선교사관학교장

케네스 해긴의 생애와 유산

케네스 이 해긴 목사님의 사역을 알고 있는 사람들은 그를 믿음의 사람으로 여기지만 그를 개인적으로 알고 있는 사람들은 그를 사랑의 사람으로 여깁니다. 이 말은 정말 의미가 있는 말인데 결국 믿음은 사랑으로 역사하기 때문입니다. 해긴 목사님에게 동기를 부여하고 그의 모든 행동을 주관했던 그 사랑은 오직 그의 가까운 하나님과의 개인적인 관계에서 온 것이었습니다. 이것도 의미가 있는 말입니다. 하나님은 사랑이기 때문입니다.

하나님께서는 하나님의 목적을 이루기 위해서 환상과 통찰력과 과제와 같은 특별한 것들을 해긴 목사님께 맡기셨습니다. 해긴 목사님은 이런 계시들을 보물처럼 귀하게 여기며 신실하게 주님의 지시에 순종하였습니다.

해긴 목사님은 그의 하늘에 계신 아버지와 함께 하시기 위해 가셨지만 그가 그리스도인들에게 영감을 불어넣어서 살아계신 하나님을 성실하게 섬기며 순종하도록 하며, 하나님이 주시는 하나님의 건강을 누리며, 하나님께서 주신 권세를 사용하며, 하나님의 사랑을 보여주도록 했던 전통은 그리스도께서 돌아오실 때까지 계속될 것입니다.

기적의 출생

케네스 어윈 해긴Kenneth Erwin Hagin은 1917년 8월 20일 텍사스 주의 매킨리라는 작은 마을에서 릴리 드레이크 해긴Lillie Drake Hagin과 제스 해긴Jess Hagin에게서 태어났습니다. 하나님께서 그를 통해 수천의 기적을 행할 사람은 그 스스로도 기적적으로 출생하였습니다.

그를 임신하고서 케네스의 어머니는 병이 들었습니다. 그녀의 집에는 먹을 것도 거의 없었습니다. 릴리는 보통은 자존심 때문에 부모님에게 도움을 요청하지 않았습니다. 그렇지만 아이를 위해서라도 그녀는 부모님의 집에 가서 도움을 받기로 결정을 하였습니다. 릴리는 자기가 아팠기 때문에 아기가 살지 못할지도 모른다는 두려움으로 거리를 달렸습니다. 그녀가 부모님 집에 가까이 왔을 때 쯤 그녀는 나뭇잎들이 흔들리는 소리를 들었습니다. 그러나 주변에는 나무가 없었습니다. 그녀는 하늘을 쳐다보았는데 맑았던 하늘에 흰 구름이 그녀에게로 움직여 오고 있는 것을 보았습니다. 구름이 자기 쪽으로 내려오자 그녀는 예수님께서 자기 앞에 서신 것을 보았습니다. 예수님께서는 아기가 태어날 테니 두려워하지 말라고 말씀하셨습니다.

위로의 말씀에도 불구하고 릴리는 두려워하였으며 부모님 집으로 뛰어 들어갔습니다. 그녀가 자기의 어머니 쌜리 즉 "할머니" 드레이크에게 자기가 본 환상에 대하여 말하자 그녀의 어머니는 그녀에게 "우리 아무에게도 이 이야기를 하지 말자. 사람들이 너를 비웃을 거야"라고 하며 아무에게도 말하지 못하게 하였습니다. 수년이 지날 때까지 릴리는 아무에게도 이 이야기를 하지 않았습니다.

출산 후에 릴리는 어린 케네스에게 희망이 없다는 말을 들었습니다. 그는 겨우 2파운드가 나갔으며 나중에 검사를 해 보니 선천성 기형 심장을 가지고 있었습니다. 주치의였던 제이 씨 어윈은 그 아기가 죽은 줄로 알고 드레이크 할머니에게 집 뒤에다 무덤을 파고 아기를 묻으라고 말했습니다. 할머니는 아기를 묻으려고 아기를 안고 집 뒤 정원으로 나갔고 그녀는 삽을 구하려고 집 뒤 작은 창고에 들어갔습니다. 한 손에는 삽을 들고 다른 한 손에는 갓난아기를 들고 섰는데 그녀는 케네스가 살아 있다는 "생명의 기운"이 있음을 알았습니다. 할머니는 얼른 집으로 들어와서 의사에게 이 아기를 어떻게 해야 할지 물었습니다. 아직도 아기가 살 가망이 전혀 보이지 않으므로 의사는 어떤 처방전을 써 주며 이렇게 음식을 만들어서 먹여보라고 하면서 "이걸 먹이면 좀 더 살 수 있을 것입니다"라고 말했습니다. 후일에 이 사건을 회상하면서 해긴 형제는 "그렇지만 나는 의사의 말보다 오래 살았지"라고 말하곤 했습니다.

비정상적인 어린 시절

케네스의 어린 시절은 다른 아이들의 어린 시절과 달랐습니다. 심장의 상태 때문에 그는 정상적인 활동을 할 수 없었습니다. 평균 15분 정도의 어린이 놀이에도 그는 몸이 지쳤을 뿐만 아니라 길게는 한 시간 반씩이나 의식을 잃고는 했습니다. 몸의 상태와는 관계없이 그의 집요함과 결의는 밝게 빛났습니다.

하나님께서는 항상 케네스를 보호해 주셨습니다. 예를 들면 케네스는 어린이들이 흔히 겪는 질병을 하나도 걸리지 않았습니다. 볼거리, 수두, 홍역 같은 것에 그는 걸리지 않았습니다. 그의 형인 더브가 수두에 걸렸을 때도 케네스는 형과 함께 침대에서 잤어도 감염되지 않았습니다. 하나님께서는 케네스를 위해서 큰 계획들을 가지고 계셨습니다.

지옥의 문에서 구원받다

결국 케네스의 기형 심장은 그의 모든 체력을 소진시켰습니다. 열다섯 살이 되자 그는 침대에 누워서 지낼 형편이 되었습니다. 병들어 침대에 누워있으면서 케네스는 수천 명에게 여러 번 말했었던 체험을 하게 되었습니다. 그는 지옥에 갔다 왔습니다.

케네스는 남침례교회 교인으로 양육 받고 자랐습니다. 매주일 예배에 참석했으므로 그는 자신이 구원받았다고 생각했지만 그는 주님과 구원의 경험이 없었습니다. 그러나 1933년 4월 22일 텍사스 주 매킨리의 노스 칼리지 스트리트 405번지에 있는 집의 침실에서 그는 잊을 수 없는 구원의 경험을 했습니다.

케네스가 병들어 침대에 누워있으면서 그의 영은 그의 몸을 떠났습니다. 그는 지구를 통과하여 계속 내려가다가 바로 지옥의 문 앞에서 멈추었습니다. 그가 막 지옥 문으로 들어가려는 순간 알아들을 수 없는 말이 위로부터 들려왔습니다. 즉시 케네스는 자신이 땅 위로 돌아와 있는 자신을 발견하였습니다.

이런 일이 두 번 더 일어났었습니다. 그가 세 번째 땅 위로 올라오는 동안에 케네스는 마침내 예수님이 자신의 주님이라고 선언하였습니다. 그가 이 선언을 하지 않으면 그는 네 번째가 마지막이 될 것이라는 것을 알고 있었습니다. (더 자세한 이야기는 해긴 목사님의 책 「나는 지옥에 갔다 왔습니다」와 「나는 환상을 믿습니다」를 참고하십시오.)

관계가 시작되다

지옥의 문에서 잡혀서 빠져 나온 후에 케네스는 자신이 구원받은 것에 대하여 날마다 하나님을 찬양하기 시작했습니다. 그는 일어나자마자 하나님을 찬양했습니다. 그는 찬양을 드리며 잠이 들었습니다. 케네스는 햇볕, 풀밭, 꽃 등 이전에는 당연하게 여기던 모든 것에 대하여 하나님을 찬양하였습니다.

여전히 부분적으로 몸은 마비되어 있고 매우 약하고 침대에 누워 지내고 있었지만 케네스는 평안과 만족함이 있었습니다. 그는 자기가 죽는다고 해도 지옥에 가지 않을 것이라는 것을 알고 있었습니다.

1933년 가을, 케네스의 할머니는 그가 침대를 기울여서 비스듬히 앉도록 하여 그녀의 감리교 성경을 읽도록 해주기 시작했습니다. 허약한 신체조건 때문에 그는 한 번에 10~15분만 집중하여도 눈이 침침해졌습니다. 몇 주가 지나자 그는 한 번에 한 시간도 읽을 수 있게 되었습니다. 결국 그는 원하면 얼마든지 읽을 수 있는 상태가 되었습니다.

자신이 언제든지 죽을 수 있다고 생각하고 있었기 때문에 케네스는 신약 성경을 집중적으로 읽었습니다. 그는 모든 시간을 하나님의 말씀을 읽고 묵상하는 데 드렸습니다. 하루 24시간을 침대에서 보냈지만 그는 성경 외에는 어떤 것도 읽고 싶은 마음이 없었습니다.

'네가 구하는 것은 무엇이든지…'

마태복음을 읽고 마가복음을 읽어 나가다가 케네스는 자신의 삶을 바꾸고 그의 사역의 초석이 될 성경 구절을 만나게 되었습니다.

예수께서 그들에게 대답하여 이르시되 하나님을 믿으라 내가 진실로 너희에게 이르노니 누구든지 이 산더러 들리어 바다에 던져지라 하며 그 말하는 것이 이루어질 줄 믿고 마음에 의심하지 아니하면 그대로 되리라 그러므로 내가 너희에게 말하노니 무엇이든지 기도하고 구하는 것은 받은 줄로 믿으라 그리하면 너희에게 그대로 되리라

막 11:22-24

케네스는 자신이 구원받은 것에 대해서 늘 감사하는 마음이 있었지만 마가복음 11장에서 그는 더 많은 것도 받을 수 있다는 가능성을 보았습니다. 해긴 목사님은 후일 이렇게 말했습니다. "내 마음의 가장 큰 소원은 건강하고 튼튼한 것이었습니다." 그가 이 구절을 읽는 데 누군가 밝은 여름날 창을 가리고 있던 커튼을 걷어 졌힌 것처럼 온 방이 빛으로 가득해졌습니다. 그는 똑같은 빛이 자기 안에도 있음을 느꼈습니다.

물론 사탄은 즉시 나타나 케네스에게 "*무엇이든지 구하는 것*"이란 영적인 것에만 적용되는 말이라고 주장했습니다. 이 구절에 관한 계시의 빛이 좀 흐려졌지만 케네스는 여전히 이 구절에 끌리며 의문을 가지고 있었습니다. 썩지 않는 하나님의 말씀이 케네스의 심령에 뿌려졌습니다.

그는 목사님에게 마가복음 11장 22-24절을 그에게 설명해 달라고 부탁했지만 그 목사님은 오지 않았습니다. 케네스는 그 지역에 사는 다른 목사님을 불렀지만 그 목사님도 결국 오지 않았습니다. 마침내 한 목사님이 그를 방문하였을 때 그가 한 말은 케네스의 장례식을 준비할 때라고 한 말이 전부였습니다.

만족할 수 없었던 케네스는 이 구절로부터 무엇인가 얻어내려면

이 말씀이 그를 사로잡아서 그가 스스로 찾아내야만 하겠다고 결심을 하였습니다. 마침내 1934년 8월 케네스는 계속해서 이 말씀을 묵상하다가 하나님의 말씀에 대한 믿음에 대한 진리가 그의 심령에 떨어졌습니다. 그는 하나님의 약속을 받는 것은 하나님의 약속을 믿는 것에 대한 결과라는 것을 알았습니다. 케네스는 「나는 환상을 믿습니다」라는 그의 책에서 그 순간을 이렇게 회상하고 있습니다.

"나는 마가복음 11장 24절이 무엇을 의미하는지를 정확히 알았습니다. 그 때까지 나는 내가 치유받았다는 것을 믿기 전에 실제로 치유가 일어나기를 기다릴 참이었습니다. 나는 내가 치유받았는지 확인해 보려고 나의 몸을 보며 나의 심장의 박동을 점검해 보았습니다. 그러나 그 구절은 네가 기도할 때 믿어야 한다고 말하고 있는 것을 나는 알았습니다. 소유는 믿음 다음에 오는 것이었습니다."

기적적으로 치유됨

마침내 케네스는 자신이 나았다는 것을 알았습니다. 그러나 그는 그 말씀을 믿고 행동해야 했습니다. 외부 환경은 바뀐 것이 없었습니다. 그는 여전히 침대에 누워있었습니다. 그는 여전히 다리도 움직일 수 없었습니다. 변한 것은 케네스가 속에 가지고 있게 된 계시의 빛이었습니다.

성령님은 그에게 "네가 치유받았다면 너는 일어나 침대 밖으로 나가야 한다"라고 말씀하셨습니다. 이 말씀에 동의하여 케네스는 자신을 앞혀 세운 다음 손으로 한 번에 한 다리씩 두 다리를 침대 밖으로 내 놓았습니다. 한 발자국 한 발자국마다 마귀와 싸움을 하면서 케네스는 자신이 치유받았다는 것과 자신이 일어서서 걷게 될 것이라고 선언하였습니다. 천천히 그러나 확실하게 그는 16개월 동안 그를 붙잡아 두었던 침대의 기둥을 꼭 붙잡고 일어설 수 있었습니다.

처음에는 어지러웠지만 곧 그는 다리에 감각이 느껴지기 시작했습니다. "그것은 마치 2백만 개의 침으로 나를 찌르는 것 같았습니다"라고 케네스는 말했습니다. 시간이 조금 지나자 고통은 사라지고 그는 자기 방을 왔다갔다 걷기 시작했습니다. 그는 아무에게도 이 사실을 말하지 않았지만 다음날 아침에도 같은 운동을 반복했습니다.

1934년 8월 그 다음 날 아침 케네스는 침대에서 나와서 스스로 옷을 차려입고 아침 식사를 하기 위해 거실로 나와 앉았습니다.

초기 사역 시절

병 고침을 받자마자 케네스는 기회가 있을 때마다 언제든지 어디서든지 설교를 하며 듣기 원하는 사람들에게 자신의 경험을 열심히 나누었습니다.

1937년 얼 로저스 목사님께서 텍사스의 매킨리에 와서 순복음 장막 Full Gospel Tabernacle이란 오순절 교회를 시작했습니다. 그들은 하나님의 병 고침을 믿었기 때문에 케네스는 그 교회 회중들과 교제를 하기 시작했습니다. 그 후 얼마 지나지 않아서 매킨리에서 8마일 정도 떨어진 곳에 있는 작은 동네인 롤란드에 있는 사람들이 수년 동안 문을 닫았었던 작은 교회를 다시 시작하기를 원했습니다. 그 동네 사람들 대부분은 침례교도들이었지만 그 동네 사람들 거의 전부가 이 교회에 참석하기 시작했습니다.

　로저스 형제가 이 작은 동네 교회를 다시 시작하였고 케네스에게 그 목사직을 맡아 달라고 부탁했습니다. 케네스는 그 청탁을 받아 들였습니다. 목회를 한 첫 해에 그는 네 켤레의 신발이 닳도록 설교를 하러 걸어 다녔습니다. 그는 매킨리와 롤란드 사이의 비포장도로를 오가며 어떻게 예수님께서 자신을 구원하시고 병을 고치셨는지 말하며 복음을 설교했습니다. 그는 "나는 레드 리버Red River에서부터 멕시코 만까지 가는 곳마다 예수님은 구원하시며, 병을 고치시며, 다시 오신다고 말하며 설교를 할 것입니다. 나는 루이지애나 주 경계에서부터 뉴멕시코 주 경계선까지 설교를 할 것입니다"라고 말하곤 했었습니다. 그 때는 텍사스만 감당하는 것도 케네스에게는 상당히 큰 지역이었을 것입니다!

　그 후 12년 동안 케네스는 톰 빈(이곳에서 그는 부인 오레따를 만나 결혼했습니다), 파머스빌, 탈코, 그레그턴, 밴에 있는 텍사스 주의 여러 교회를 목사로서 섬겼습니다.

이렇게 목회를 하는 동안 해긴 가족은 1939년에 케네스 웨인이 출생하였고, 1941년에 패찌 가일린이 태어나서 갑절로 커졌습니다. 자녀들이 태어나자 케네스는 그들을 안고 그들을 위해 기도하고 그들을 주님을 섬기는 일에 바쳤습니다.

방언을 말함

자신이 경험한 초자연적인 일 때문에 케네스는 하나님의 병을 고치는 능력은 사실적이라는 것을 알았지만 대부분의 그의 친구들은 신유를 피하면서 신유는 오늘날을 위한 것은 아니라고 확신하고 있었습니다. 그래서 케네스는 그 지역의 순복음 목사들과 교제를 하기로 하였습니다. 그들은 신유를 믿고 하나님에 관한 것에는 비슷한 믿음을 가지고 있었습니다.

케네스는 자기의 순복음 친구들의 믿음에 관하여 한 가지 문제점이 있었는데 그들은 성령 세례를 받는 것과 방언을 말하는 것을 믿는다는 것이었습니다. 이런 것들은 침례교회에서 태어나서 자란 사람이 받아들이기에는 어려운 것이었습니다. 그럼에도 불구하고 케네스는 그들과 계속 교제를 하면서 방언을 말하는 문제를 가지고 기도하였습니다.

주님은 주님의 모든 자녀들에게 말씀하시는 똑같은 방법인 그분의 말씀을 통하여 케네스에게도 말씀하셨습니다. 하나님은 그를 사도행전 2장 38-39절, 요한복음 16장 13-14절, 로마서 8장 16절, 누가복음 24장 49절, 사도행전 2장 4절로 인도하셨습니다. 케네스는 성령님을 갖게 되는 것은 하나님의 약속이며 성령의 충만을 받는 것은 실제로 능력을 받는 것이라는 것을 배웠습니다.

1937년 4월 말씀에서 이것들을 발견한 후 케네스는 텍사스 매킨리에 있는 가까운 순복음 교회 목사관으로 가서 목사님에게 "나는 성령을 받으러 왔습니다"라고 말했습니다. 매킨리에서 온 소년 침례교 목사는 그 후로 완전히 변했습니다.

위대한 사역자로서의 기초를 놓음

케네스는 텍사스의 다른 동네에서 목사로서의 사명에 충성하였습니다. 몇 개의 예를 제외하고는 그의 예배에 참석하는 사람들은 믿음이 자라고 삶을 변화시키는 하나님의 말씀의 능력을 체험했습니다. 케네스의 하나님에 대한 사랑과 그의 하나님의 말씀에 대한 통달은 이름뿐인 그리스도인들이 진정한 믿는 자들이 되도록 영감을 주었습니다.

자신이 섬기는 회중들이 하나님의 말씀에 기초하여 뿌리를 내릴 수 있도록 돕는 일에 많은 노력을 들이는 동시에 케네스는 하나님의 음성에 근거하여 자신의 사역의 기초를 튼튼히 하였습니다. 자신이 속한 순복음 교회들에서 계획된 설교를 하는 것 외에도 케네스는 정기적으로 그 지역의 부흥 운동에 참석하였습니다.

1943년 6월 집 안에서 거닐다가 케네스는 자기 안에 무엇인가가 떨어진 것을 느꼈습니다. "마치 공중전화기에서 동전이 떨어지는 것과 같이 내 속에서 무엇인가가 떨어졌습니다"라고 해긴 형제는 나중에 회고했습니다. "가르치는 기름부음이 내 속에 떨어졌던 것입니다." 이 은사를 증명하기 위하여 그는 수요일 오후 집회를 열기 시작했습니다. 이 집회는 너무나 성공적이어서 사람들은 집회에 참석할 수 있도록 일하는 시간을 조정하기 시작했습니다.

개인적으로 케네스는 아파서 침대에 누워 살던 15세 때부터 시작했던 하나님의 말씀을 묵상하는 일과 기도의 삶을 지속하였습니다. 그의 마지막 목회지를 떠나기 전인 1947~1948년 겨울 동안, 케네스는 평소보다 더 많은 시간을 기도하며 보냈습니다. 그의 교회 예배당에서 그는 성경의 에베소서를 펴 놓았습니다. 그는 1장 17-23절을 개인적으로 적용하여 이렇게 기도했습니다. "영광의 하나님 아버지께서 지혜와 계시의 영을 나에게 주사 하나님을 알게 하시고 내 마음 눈을 밝히사 하나님의 부르심의 소망이 무엇인지 알기를 기도합니다."

하루에도 여러 번 케네스는 이 기도를 기도하였고, 에베소서 3장에서도 기도를 개인적으로 적용하여 기도하였습니다. 그의 책 *믿는 자의 권세* 시작 부분에서 해긴 목사님은 이렇게 말했습니다. "내가 이 기도들을 나 자신을 위해 천 번도 더 기도했을 때 내 인생의 전환점이 왔습니다." 이 기도들은 그의 목회 사역에도 변화를 가져왔지만 열매가 완전히 익은 것은 그가 순회 사역에 발을 내딛은 후였습니다.

순회 사역

1946년 6월, 주님께서는 이 교회가 그가 목사로서 섬기게 될 마지막 교회가 될 것이라고 말씀하시면서 케네스에게 텍사스 주의 밴Van에 있는 한 교회를 담임 목사로 섬기도록 보내셨습니다. 그가 섬기던 이 교회는 어떤 교회보다도 더 많은 봉급을 주고 좋은 목사관도 제공하였지만 그의 영에는 참 만족이 없었습니다. 수년 후에 주님께서는 케네스에게 목회 사역은 그의 사역이었지만 단지 다른 부르심을 이루기 위하여 들어가기 전에 훈련하는 과정이었다고 말씀하셨습니다.

1949년 2월, 케네스 해긴은 밴에 있던 교회를 떠났습니다. 순회 사역을 하는 목사로서 그가 첫 설교를 한 곳은 브이 이 팁턴V. E. Tipton이 담임하던 텍사스 주의 싹스Sachse에 있는 어떤 교회였는데 그의 딸 리넷Lynette은 나중에 케네스의 아들 케네스 웨인과 결혼하게 되었습니다.

해긴 목사님이 순회 사역을 시작했을 때 그의 가르치는 은사는 1947~1958년 동안 있었던 치유 부흥 기간 동안에 필요한 자산이었습니다. 윌리엄 브래넘William Branham은 티 엘 오스본T. L. Osborn을 포함하여 심지어 유명한 목회자였던 보스워스F. F. Bosworth까지 거의 반 은퇴 상태로 있다가 다시 사역하도록 했던 성공적인 치유 사역을 시작했었습니다.

고든 린지Gordon Lindsay의 "치유의 목소리Voice of Healing"라는

잡지는 오랄 로버츠Oral Roberts, 잭 코Jack Coe, 티 엘 오스본T. L. Osborn 이외에도 많은 사역자들의 사역을 통하여 전국적으로 일어나는 대단한 치유의 간증들을 알렸습니다. 하나님의 치유의 능력은 전 세계의 관심을 끌었습니다.

해긴 목사님의 집회는 치유 사역을 하였지만 그의 집회의 초점은 믿음을 가르치는 것이었습니다. 그의 가르치는 은사는 사람들이 치유 집회에서 받은 것을 안정시키는 역할을 했었다고 후일 그는 말했습니다. "사람들이 하나님으로부터 받은 것을 빼앗기지 않고 지켜내려면 그들은 믿음으로 그것을 소유해야만 합니다. 이것만이 그들이 받은 것을 유지하는 유일한 길입니다"라고 그는 말했습니다. 믿음에 관해서 더 많이 가르치면 가르칠수록 사람들은 치유받은 상태를 더 잘 지속할 수 있다고 해긴 목사님은 말했습니다.

환상을 본 시절

케네스가 그의 사역의 첫 단계에 들어설 때 그는 그의 인생과 사역뿐만 아니라 이 계시를 받는 사람들의 삶과 사역도 변화시켰던 상당히 많은 부분의 계시와 지식을 받았습니다.

1950년 5월, 텍사스 주 휴스턴에 있는 동안 케네스는 하나님께서 귀로 들을 수 있는 음성으로 이렇게 말씀하시는 것을 들었습니다. "가서 내 백성에게 믿음을 가르쳐라!Go teach My people faith 나는 나의 말씀을 통해서 네게 믿음을 가르쳤다. 나는 네가 어떤 경험들을 할 수 있도록 허락했으며 너는 나의 말씀과 경험을 통해 믿음을 배웠다. 이제 가서 나의 백성들에게 내가 네게 가르쳤던 것을 가르쳐라."

그 날 이후 케네스는 하나님의 말씀에 대한 믿음을 가르치려는 더 큰 결단을 하게 되었습니다. 이것은 하나의 사명이었지만 이것만이 해긴 형제에게 유일한 목적은 아니었습니다.

같은 해 9월 2일, 해긴 형제는 텍사스 주 락월Rockwall에서 한 환상을 보았습니다. 예수님께서 90분 동안 방문하는 동안 케네스는 자신의 미래는 물론 자신의 과거를 이해하는 데 대한 통찰력을 받았습니다.

자신을 케네스에게 나타내신 후에 예수님께서는 자신의 오른손 손가락을 케네스의 양 손바닥에 대고 이렇게 말씀하셨습니다. "내가 너에게 병든 자들을 섬길 수 있는 특별한 기름부음을 주었다." 그 시간 이후로 케네스는 자신의 집회에서 더 많은 치유가 일어나는 것을 경험하였습니다.

예수님은 케네스의 사역의 역사를 되돌아보시면서 그가 1949년 순회 사역을 시작했을 때까지 그가 그의 사역의 일 단계도 들어가지 않았다고 말씀하셨습니다. 케네스는 순회 사역에 들어서기 전에 12년 동안 목회를 하였고 1934년 이래로 사역에 전념하였었기 때문에 케네스는 그가 텍사스 주 밴에서 마지막 목회지를 떠날 때까지 자신이 "1단계"도 시작하지 못했다고 하시는 이유가 궁금했습니다. 하나님은 이렇게 말씀하셨습니다. "내가 치유의 은사를 교회에 준

것은 교회 자신들을 위해서만이 아니다. 내가 치유의 은사와 예수의 이름을 교회에 준 것은 그것으로 세상을 치유하라고 준 것이다."

하나님의 부르심에 충성됨

그의 69년간의 사역을 통해서 케네스 이 해긴에게 성령의 은사들이 강력하게 역사하였습니다. 하나님의 치유하는 능력으로 그는 수만 명의 병들고 아픈 사람들을 치유하는 사역을 하였습니다. 그는 믿음의 말씀 메시지를 수백 만 명에게 가르쳤습니다. 그러나 그의 사역을 과거의 행위에만 국한해서 말하는 것은 불공평한 일입니다. 예수님께서 그에게 그럴 것이라고 말씀하셨던 그대로 그의 사역은 오늘도 지속되고 있으며 우리 주님께서 재림하실 때까지 계속될 것입니다. 마지막 성령의 위대한 역사로 들어가도록 안내하는 목적은 지금도 이어지고 있습니다.

이런 믿음의 기념비적인 전통과 유산을 남기는 것은 해긴 형제가 의식적으로 노력한 것이 전혀 아니었습니다. 2001년 인터뷰에서 그는 단순한 철학을 말했습니다. "하나님께서 하라고 하는 것을 하십시오. 무슨 일이 일어나든지 무엇이 다가오든지 충성하려고 노력하십시오. 그리고 그 결과는 하나님께 맡기십시오."

해긴 형제는 바로 이 말대로 했습니다. 그가 남긴 기념비적 유산은 그의 하나님께 대한 순종과 하나님의 말씀을 믿는 믿음의 결과였습니다.

사역자들을 훈련하는 곳

1973년 캠프 미팅 기간 동안 성령의 감동으로 해긴 목사님은 성경 학교를 시작하게 될 것이라고 발표했습니다.

1974년 1월, 해긴 목사님은 자기 아들 케네스 웨인 해긴Kenneth Wayne Hagin에게 지금 레마 성경 훈련소RHEMA Bible Training Center 를 시작하도록 과제를 주었습니다.

케네스 해긴 주니어Kenneth Hagin Jr.라고도 불리는 케네스 웨인 해긴은 이전에는 텍사스 주의 가알랜드Garland에 있는 자신의 장인이었던 브이 이 팁턴V. E. Tipton 목사님 아래서 부목사로 섬겼으며 그 당시는 케네스 해긴 미니스트리스의 대형 집회 책임자였었습니다. 켄 주니어는 학교를 조직하는 책임뿐만 아니라 학교 교과 과목을 정하는 문제까지 책임을 졌습니다. 레마 성경 훈련소의 목적에 부합하는 기존 교과 과목이 없었기 때문에 켄 주니어는 처음부터 모든 것을 새로 만들어야만 했습니다.

1974년도 캠프 미팅 중에 발표한 것과 매월 발간되는 "믿음의 말씀Word of Faith"이라는 잡지에 낸 광고만이 전부였지만 털사에 있는 쉐리단 로드 크리스챤 센터 교회Sheridan Road Christian Center 를 빌린 시설에서 개교를 했을 때는 개교 첫 입학생으로 72명의 학생들이 모였습니다. 그 중에 58명의 학생이 그 다음 해에 졸업을 하였습니다.

오늘 날 레마 성경 훈련소의 고유한 철학은 다른 성경 학교들과 지금도 계속 구별되고 있습니다. 이 학교의 초점은 단순히 학문적인 데만 있지 않고 실제적인 사역에 있습니다.

이 학교의 목적은 1974년 시작 때부터 분명했었지만, 1979년 오클라호마 털사Tulsa에서 있었던 레마 성경 훈련소 졸업식 때 해긴 형제를 통하여 주어졌던 예언을 통해서 분명하게 선언되었습니다. 아래 글은 그 예언의 핵심을 뽑은 것입니다.

이 소리는 무슨 소리입니까?
내가 듣고 있는 저 소리는 무엇입니까?
많은 발자국 소리, 아름다운 발자국 소리입니다.
기쁜 소식을 가지고 나가는 발자국 소리입니다.
땅을 쾅, 쾅, 쾅 구르는 소리를 내는 사람들이 누구입니까?
이 사람들이 누구입니까?
예, 그들은 하나님께서 부르시고, 주님께서 택하고,
그의 성령으로 무장된 사람들입니다.
예, 그들은 그들의 하나님을 확실히 알고 있는 사람들입니다.
그들은 하나님의 말씀을 확실히 알고 있는 사람들입니다.
그들은 막강한 그 이름을 알고 있는 사람들입니다.
그 이름은 모든 이름 위에 뛰어난 이름, 예수 이름입니다.
예, 그들은 구원해 내는 말씀을 가진 사람들입니다.
치유의 말씀, 승리의 말씀, 하나님의 말씀입니다.
이 사람들은 어디서 온 사람들입니까?

그들은 어디로 가고 있습니까?
예, 그들은 바로 하나님의 가슴,
하나님의 오른 손으로부터 나왔습니다.
그들의 주인이신 주님께서 스스로 높이 올라가실 때,
사람들에게 선물을 주셨습니다.
그분이 어떤 사람은 사도로, 어떤 사람은 예언자로,
어떤 사람은 복음 전도자로,
또 어떤 사람은 목사와 교사로 삼으셨습니다.
그들은 권세의 오른 손, 즉 바로 하나님의 보좌로부터 옵니다.
그들은 어디로 가고 있습니까?
그들은 땅 끝으로 가고 있습니다.
그들은 빈손을 내밀어 도움을 구하고 있는 곳으로 가고 있습니다.
그들은 굶주림으로 외치는 소리가 있는 곳으로 가고 있습니다.
생명의 빵, 참 생명의 양식에 굶주린 사람들이 있는 곳입니다.
도움을 요청하며 외치는 소리가 있는 그 곳으로,
그들은 그 이야기를 말하고 그 메시지를 선포하고,
하나님께서 그들에게 하라고 부르신 그 일을 하기 위해
온 세계로 갈 것입니다.

해가 지나면서 레마는 학생 수와 교수진과 교과 과목과 프로그램들이 늘어났습니다. 2004년 6월을 기준으로 보면 미국에 있는 레마 성경 훈련소를 통해서 훈련된 졸업생은 100개가 넘는 나라에 살면서 사역을 하는 사람의 수가 23,000명이 넘습니다. 레마의 13개 국제 캠퍼스를 통해서 졸업한 사람의 숫자를 포함하면 그 숫자는 28,000명이 넘습니다.

레마 성경 훈련소의 비전은 케네스 해긴 주니어의 리더십 아래 계속되고 있습니다. 하나님의 말씀에 대한 믿음을 가르치며 하나님의 성령으로 인도받는 것을 배우는 것이 이 학교의 교과 과목과 실제적인 가르침의 핵심으로 남아 있습니다.

기도와 치유의 장소

해긴 목사님의 기도의 삶은 그의 사역과 개인적인 삶을 이끌어 왔습니다. 1979년 주님의 영이 해긴 형제에게 기도와 치유 센터를 시작하도록 지시하셨습니다. 이 곳은 사람들이 치유에 관해서 가르침을 받고 치유를 받을 수 있는 장소로서 그는 말씀과 본을 보임으로써 기도에 관하여 가르쳤습니다.

해긴 형제는 언제나 자신이 과거에 그랬던 것처럼 병들고 아픈 사람들을 돕고 싶어 하는 강한 열망을 가지고 있었으며 그는 믿음을 가르칠 수 있고 날마다 사람들을 치유받도록 도울 수 있는 그런 장소를 제공하고 싶어 했습니다.

1979년 10월 1일 월요일, 기도와 치유 학교의 첫 시간이 레마 캠퍼스에서 열렸습니다. 이 강의는 오전 시간과 오후의 기도와 치유 학교로 오늘도 계속되고 있습니다. 잘 준비된 기도 동역자들이 종일 전화로 사람들과 기도할 수 있도록 대기하고 있습니다.

매년 이 사역을 통하여 기도와 치유 센터를 통해서 가르침을 받고 치유받은 승리의 간증들이 수백 개씩 들어오고 있습니다.

지역 교회를 위한 장소

학교가 성장함에 따라 점점 더 많은 학생들이 자기 교회라고 부를 교회를 찾게 되었습니다. 순회 사역을 하는 교사들과 복음 전도자들도 자신들이 사역을 할 수 있는 베이스를 찾고 있었습니다. 주님께서는 케네스 이 해긴과 케네스 웨인 해긴에게 각각 따로 켄 주니어를 담임 목사로 교회를 시작하라고 말씀하셨습니다. 이 문제에 관하여 두 사람이 서로 이야기를 함으로써 두 사람은 모두 성령님께서 확인시켜 주신 것을 알았습니다.

이리하여 1985년 레마 성경 교회가 오클라호마 브로큰 애로우 Broken Arrow에서 시작되었습니다. 몇 년 사이에 레마 성경 교회 회중은 학생 수를 훨씬 넘었습니다. 이 교회는 모토인 "세상에 희망과 도움과 치유를 가져다준다 Bringing hope, help, and healing to the world"를 신실하게 지키며 지역 공동체를 섬기는 아주 활력이 넘치는 교회가 되었습니다.

라디오와 출판물

해긴 목사님의 주된 과제 중에 하나는 하나님의 백성들에게 믿음을 가르치는 것이었습니다. 동부 텍사스 주에서 아직도 목회를 하고 있을 때 해긴 형제는 자신의 가르치는 은사를 온 세상에 전하게 될 두 가지 분야에 대한 가능성을 슬쩍 보았습니다. 1944년 3월, 주님은 그가 65세가 될 때쯤이면, 그의 두 가지 주된 사역은 라디오와 출판물이 될 것이라고 말씀하셨습니다.

1966년 11월, 해긴 목사님은 텍사스 주 달라스에서 처음으로 라디오 프로그램을 방송했습니다. 방송국을 하나씩 하나씩 더해 가면서 성장하여 이 프로그램은 라디오 방송 중에서 가장 기대가 되는 사역 중심의 프로그램이 되었습니다. 지금 "방송 믿음 세미나Faith Seminar of the Air"는 매주일 월요일부터 금요일까지 거의 150개 방송국에서 방송되고 있습니다.

주님께서 그렇게 될 것이라고 말씀하셨던 대로 출판물도 케네스 해긴 미니스트리에서 중요한 역할을 해 왔습니다. 그의 첫 번째 책인 "가난, 질병, 영적 죽음으로부터 값주고 사다Redeemed From Poverty, Sickness, and Death, 나중에 Redeemed From Poverty, Sickness, and Spiritual Death로 새로운 제목을 붙임"는 1960년에 처음으로 출판되었습니다. 그 이후 해긴 목사님은 100권이 넘는 책을 수백 만부를 출판하였습니다.

출판물은 1968년 4월에 처음 등장한 케네스 해긴 미니스트리의 월간 잡지인 "믿음의 말씀The Word of Faith"을 통해서도 나타났습니다. 오늘날 이 잡지의 발간 부수는 240,000부에 이르고 있습니다. 이 잡지는 그동안 보관해 두었던 자료들과 이전에 출판된 적이 없었던 자료를 사용해서 해긴 목사님의 시간을 초월하는 가르침들을 계속해서 출판하고 있습니다.

해긴 형제의 단순하지만 하나님의 말씀을 가르치는 효과적인 방법은 그의 책과 글들이 신자들이 자신은 물론 다른 사람들을 격려하는 데 매우 중요한 도구가 되게 하였습니다.

사람의 유산

성공했다고 여겨지려면 반드시 후계자가 있어야 한다는 말이 있습니다. 자연적 자녀나 영적 자녀나 모두 똑같이 자기에게 주어진 과제를 계속 수행하기 원하는 것으로 보아 케네스 이 해긴은 확실히 성공한 사람입니다.

그의 아들과 며느리인 켄과 리넷 해긴은 수년 동안 다양한 공식 직함을 가지고 매일 일어나는 사역을 수행해 왔습니다. 레마 성경 훈련소에서 수업을 가르치는 것 외에도 오늘날 켄 주니어는 오클라호마 브로큰 애로우에 있는 레마 성경 교회의 담임 목사로 섬기고 있습니다.

그는 아내 르넷과 함께 온 나라를 여행하며 그의 아버지께서 수년 전에 시작하셨던 모든 믿음 전도 집회All Faiths' Crusade를 열고 있습니다. 1985년 레스터 섬롤Lester Sumrall이 해긴 주니어 목사님에게 예언을 하신 이후 레마의 분위기는 현저하게 바뀌었습니다.

레마 캠퍼스 전체를 덮는 빛 같은 것을 나는 봅니다. 거대한 하나님의 엄습하심의 방향과 운동과 역동성이 이 강단 위에 서 있는 이 사람(해긴 주니어 목사님을 지칭함)에게서 나올 것입니다… 하나님께서는 이 일을 위하여 필요한 모든 일들을 창조하시며, 조성하시며, 행하시며, 되도록 하고 계십니다… 그리고 많은 사람들이 여러 방향에서 나올 것이며, 그들은 복을 받을 것이며, 학생들은 물론 다른 사람들도 이곳에서 복을 받게 될 것입니다.

해긴 목사의 딸 팻Pat도 역시 사역하고 있습니다. 그녀는 오클라호마 털사에 있는 믿음 크리스찬 교회Faith Christian Fellowship의 회장입니다. 해긴 형제의 손자들 대부분은 레마나 국제 믿음 크리스찬 교회 Faith Christian Fellowship International에서 다양한 사역의 능력을 발휘하며 섬기고 있습니다.

'아빠'의 유산은 계속 살아 있습니다

2003년 9월, 케네스 이 해긴 목사는 주님과 함께 있으려고 가셨습니다. 몇 명의 가까운 친구들과 아내와 함께 아침 겸 점심을 먹는 중에,

그는 거의 65년 동안 그의 부인이었던 오레따Oretha를 쳐다보고, 한숨을 내 쉬고는 그의 의자에서 앞으로 몸을 숙였습니다. 그리고 그는 주님과 함께 있었습니다.

케네스 이 해긴은 그리스도의 몸의 멘토였습니다. 그가 끼친 영향을 측량하는 것은 불가능 할 것입니다. 레마 학생들이 수천 명에 이르고, 수백 만 명이 그의 가르침을 받았습니다. 얼마나 더 많은 사람들이 해긴 형제가 가르쳤던 것으로 말미암은 덕을 입었을까요? "*믿는 자의 권세*The Believer's Authority"나 "*하나님의 계획과 목적과 추구* Plans, Purposes, and Pursuits"나 "*믿음의 말씀*The Word of Faith, 월간 잡지" 한 권이 얼마나 많은 손을 변화시켜서 심지어 더 많은 사람들의 삶에 영향을 끼쳤을까요?

많은 사람들에게 해긴 형제의 가르침은 벙어리 그리스도인들에게 생명을 주어서 그들이 우리의 강한 하나님과 그분의 사랑하는 아들에 관한 진리를 소리쳐 외치게 하였습니다. 이 삶을 변화시키는 진리와 해긴 형제가 말씀과 모범으로 그들을 가르쳤던 영향력 때문에 학생들과 사역자들은 해긴 형제를 자신들의 멘토로 여기며 사랑으로 "아빠 Dad"라고 부르게 되었습니다.

2003년 9월 24일, 레마 성경 교회에서 열린 그를 기념하는 예배에서 해긴 형제의 삶을 회고할 때 나온 이야기들은 사적으로는 별로 말을 많이 하지 않는 사람이지만 자기 가족과 손자들과 중손자들과 함께 있기를 즐기던 사람으로 묘사하였습니다.

아빠를 가장 잘 알았던 사람들은 그를 사랑의 사람과 하나님을 알았던 사람으로 알고 있었습니다. 그의 믿음은 그의 사랑의 열매였습니다. 그의 사랑은 그의 하나님과의 고유한 관계의 열매였습니다.

하나님께서는 예수님이 재림하시기 전에 마지막 위대한 성령 운동으로 안내하며 인도하도록 도우라는 케네스 이 해긴 목사님을 향한 목적을 가지고 있었습니다. 해긴 형제는 지금 하늘나라에 거하지만 그가 시작했던 그의 사역, 사랑, 믿음의 유산은 그가 레마 가족을 인도함으로써 케네스 해긴 주니어에 의해 계속 될 것입니다.

레마 가족은 누구입니까? 2004년 켄과 르넷 해긴이 말한 것처럼 케네스 이 해긴의 가르침이나 삶을 통해 은혜를 받은 사람은 누구나 레마 가족의 일부입니다. 가족이 된 것을 환영합니다!

세월의 자취

1938년 텍사스 주 탐빈에서 신혼 부부 시절.

1943년 텍사스 주 파머스빌 교회 목사관에 있는 케네스와 오레따. "내가 사택에 방을 늘이는 공사를 하며 작업복을 입고 있을 때 교인이 방문하여 찍어준 사진입니다."

1943년 텍사스 그린빌의 한 공원에서 찍은 사진 – 해긴 가족 – 케네스와 오레따, 케네스 웨인과 팻 가일린.

1948년 텍사스 주 밴에 있을 때 케네스 해긴 목사. 밴에 있던 교회는 해긴 목사님이 마지막으로 목회를 했던 교회였습니다.

1950년대에 해긴 형제의 순회 사역이 성장하면서 이 사진은 그의 집회를 알리기 위해서 신문과 광고지에 사용하던 것입니다.

현재 오클라호마 브로큰 애로우에 있는 레마 캠퍼스의 루커 기념 강당이 된 레마 성경 훈련소에서 초창기에 사역하는 해긴 형제.

털사에 있는 노스 유티카 가에 있던 그의 첫 사역 본부에서 말하고 있는 해긴 형제. 그는 1966년 털사로 이사하여 이 건물에서 그의 초기 세미나를 열었습니다.

1972년부터 케네스 해긴 주니어(사진 왼쪽)는 아버지의 부르심을 이룰 수 있도록 도와주기 위해 옆에서 섬겼습니다.

레마 성경 훈련소의 졸업식에 참석한 케네스와 오레따 해긴 목사님.

"성경이 말씀하고 있습니다. 나는 말씀을 믿습니다. 그러면 해결되었습니다."

1976년 크리스마스 때 해긴 가족사진.
뒷줄 왼쪽부터 오른쪽으로: "버디" 해리슨, 패찌 해긴 해리슨, 케네스 해긴, 오레따 해긴, 비니타 조안 "쿠커" 해리슨, 리넷 해긴과 케네스 해긴 주니어.
앞줄 왼쪽부터 오른쪽으로: 캔다스 "캔디" 해리슨, 드니스 해긴, 대몬 해리슨, 크래크 해긴.

캠프미팅 때, 왼쪽부터: 오랄 로버츠, 티엘 오스본, 케네스 코플란드, 케네스 해긴 주니어, 케네스 해긴, 리차드 로버츠.

"여러분은 어떤지 모르겠지만 나는 내 자신이 행복해지려고 설교합니다."

"내가 동부 텍사스 출신의 기질을 드러내기는 아주 쉽습니다."

그의 매일 라디오 방송이었던 1977년 방송 믿음 세미나를 녹음하고 있는 해긴 형제. 1944년 하나님께서는 그가 65세가 되기 전에 그의 사역의 가장 중요한 두 개의 전도 매체는 라디오와 출판물이 될 것이라고 그에게 말씀하셨습니다.

해긴 형제는 하나님의 말씀을 공부하거나 가르칠 때 항상 기도하는 마음으로 임했습니다.

친한 친구요 동료 목사인 오랄 로버츠와 함께 하나님의 말씀을 즐기는 모습.

세미나, 전도집회, 기도학교를 통해서 해긴 형제는 "말씀과 모범으로써의 기도"란 주제를 가르쳤습니다.

미국 레마 성경 훈련소 졸업생에게 졸업장을 수여하는 케네스 해긴 목사님. 오늘날 온 세계에는 13개의 레마 성경 훈련소가 있습니다.

케네스와 오레따 해긴 목사님이 함께 사역하는 모습.

겨울 성경 세미나에서 설교하는 해긴 형제. "겨울 성경 세미나"는 그가 가장 좋아했던 집회 중에 하나였습니다. 레마 성경 훈련소 졸업생들의 동창회도 이때 함께 열립니다.

1990년 텍사스 플래노에서 있던 목회자들을 위한 컨퍼런스에서 즐겁게 노는 모습.

1995년 겨울 성경 세미나에서 예배드리는 케네스와 오레따 해긴 목사님 부부. 이 집회는 지금도 오클라호마주 브로큰 애로우에 있는 레마 성경 교회에서 매년 2월 중에 열리고 있습니다.

사역을 하면서 케네스와 오레따 해긴과 함께 가까이서 일했던 사람들은 "엄마"와 "아빠"의 관계는 결혼 생활에 대한 잠재력에 끊임없는 영감을 주었다고 말합니다.

말씀을 전하기 전에 2003년 겨울 성경 세미나에서 찬양과 경배 시간에 강단 위에 평안하게 앉아 있는 해긴 형제의 모습.

캠프미팅에서 며느리 르넷 해긴과 함께 있는 모습. 르넷 해긴 목사는 남편 케네스 해긴 주니어 곁에서 함께 사역을 계속하고 있다.

2002년 12월 레마 성경 훈련소 학생들에게 루커 기념 강당에서 설교하는 해긴 형제.

2003년 캠프미팅에서 아들 케네스 해긴 주니어와 함께 예배드리는 모습.

돌아가시기 한 달 전까지 해긴 형제는 여행하면서 모든 믿음 전도 집회와 성령 집회를 열었습니다. 그의 집회는 성령의 은사의 흐름과 하나님의 말씀의 기본적인 진리를 가르침으로 균형이 잡혀 있었습니다.

01
바울의 기도

에베소서는 사도 바울이 교회에 써 보낸 어떤 서신들보다 믿는 자의 권세에 대하여 더 철저하게 계시해 주고 있습니다. 이 책이 에베소서에 근거하고 있으므로 나는 여러분들에게 에베소서의 맨 앞의 세 개의 장을 며칠 간에 걸쳐 반복하여 여러번 읽기를 권합니다.

여러분은 첫째와 둘째 장 끝에 있는 성령의 기름 부음 받은 기도문을 발견할 것입니다. 이 기도는 성령에 의해 주어진 것이므로 에베소의 믿는 자들에게 적용되었던 것처럼 우리에게도 적용됩니다.

내가 기도할 때에 기억하며 너희로 말미암아 감사하기를 그치지 아니하고 우리 주 예수 그리스도의 하나님, 영광의 아버지께서 지혜와 계시의 영을 너희에게 주사 하나님을 알게 하시고 너희 마음의 눈을 밝히사 그의 부르심의 소망이 무엇이며 성도 안에서 그 기업의 영광의 풍성함이 무엇이며 그의 힘의 위력으로 역사하심을 따라 믿는 우리에게 베푸신 능력의 지극히 크심이 어떠한 것을 너희로 알게 하시기를 구하노라 그의 능력이 그리스도 안에서 역사하사 죽은 자들 가운데서 다시 살리시고 하늘에서 자기의 오른편에 앉히사

엡 1:16-20

내 인생의 전환점은 내가 이 기도를 천 번이 넘도록 했을 때 왔습니다. 나는 첫 장부터 시작해서 소리내어 크게 읽었습니다. 바울이 "너희"라고 한 곳을 "나"라고 말하면서 내 개인적인 것으로 만들었습니다. 예를 들면, 에베소서 3장 14-17절을 읽을 때 나는 이렇게 말했습니다.

이러므로 내가 하늘과 땅에 있는 각 족속에게 이름을 주신 아버지 앞에 무릎을 꿇고 비노니 그의 영광의 풍성함을 따라 그의 성령으로 말미암아 '나'의 속사람을 능력으로 강건하게 하시오며 믿음으로 말미암아 그리스도께서 '내' 마음에 계시게 하시옵고 '내'가 사랑 가운데서 뿌리가 박히고 터가 굳어져서 엡 3:14-17

나는 내가 마지막으로 목회하던 텍사스 동부의 한 교회 강단에서 무릎을 꿇고 이 두 가지 기도를 하면서 많은 시간을 보냈습니다. 나는 비상시를 제외하고는 이 두 가지 기도문이 적힌 곳을 펴 놓고 하루에

도 몇 번씩 스스로 이 기도를 하였습니다. 가끔 내 아내에게 내가 이웃 교회에 기도하러 갔다고 전하게 하여 외부의 간섭을 끊었습니다. 가끔 나는 한 번에 2~3일씩 기도하면서 보냈습니다.

특히, 1947~1948년 겨울 동안은 약 6개월간 이 기도를 하면서 보냈습니다. 그런데 내가 기도해오던 것이 현실로 나타나기 시작했습니다. 나는 *"지혜와 계시의 영"*을 기도해 왔는데, 드디어 *"계시의 영"*이 역사하기 시작하였습니다. 나는 과거에는 한 번도 보지 못했던 것을 보기 시작했습니다. 계시는 내 앞에 저절로 보이기 시작했습니다.

그 여섯 달 동안은 내가 그리스도인으로서 살아온 16년과 목회자로서 살아온 14년 동안에 자란 것보다도 더 영적으로 하나님 말씀에 성장과 진보가 있었습니다. 이것이야말로 내가 체험한 최고의 영적 발견이었습니다.

나는 아내에게 "내가 그동안 도대체 무엇을 설교했지? 나는 성경을 그렇게도 몰랐는데 집사님들이 내게 와서 '그만두시지요'라고 안한 것이 기적이 아닐까?"라고 말했습니다.

우리가 영적으로 자라기를 원한다면 우리는 이 지혜의 영과 그리스도의 계시와 그 분의 말씀을 소유해야만 합니다. 이것은 물론 우리의 지성을 통해서 주어지는 것이 아닙니다. 성령께서 우리에게 계시해 주셔야만 되는 것입니다.

사람들은 성도들을 위해 어떻게 기도해야 할지 알기 원합니다. 만일 여러분이 성도를 위하여 에베소서에 기록된 이 기도를 하기 시작한다면 여러분은 이 기도의 효과를 그들의 삶을 통하여 보게 될 것입니다. 나는 여러분들도 이 기도를 스스로 하시기를 권합니다.

몇 년 전에 나는 가족 한 사람씩을 위하여 아침 저녁으로 하루에 두 번씩 이 기도를 하였습니다. 그들은 주님의 치료가 절박하게 필요한데도 불구하고 성경이 가르치고 있는 신유에 대하여 감을 잡을 수 없는 것 같았습니다.

나는 기도할 때, 내가 내 이름을 삽입했던 곳에 그들의 이름을 삽입시켰습니다. 열흘도 채 못 되어서 그들은 "나는 예전에 깨닫지 못한 것들을 깨닫기 시작했다"고 내게 편지를 써 보냈습니다(당신이 성경적으로 되는 순간 역사는 시작됩니다). 내가 그들을 위하여 성경적으로 기도하기 시작하자, 내 가족들이 얼마나 빨리 변화되는지 놀라울 지경이었습니다(그 전에 나는 수년간 그들을 위해 기도해 왔으나 아무 결과가 없었습니다).

믿는 자의 권세

마귀의 간계를 능히 대적하기 위하여 하나님의 전신갑주를 입으라

엡 6:11

예수 그리스도를 통하여, 우리가 악령들에 대하여 권세를 갖게 된 것을 하나님께 감사 드립시다. 우리는 여기에서 바울이 전 장에서 쓴 것에 비추어 그가 무엇을 말하고 있는지 이해할 필요가 있습니다.

우리는 그리스도를 통하여 우리가 권세를 가지고 있다는 사실을 깨달을 필요가 있습니다. 주 예수 그리스도께서 우리를 대신하여 마귀를 무찌르셨으므로(마귀는 패배 당하였음), 우리는 언제나 마귀를 능가하는 권세를 가지고 있다는 의식을 가지고 마귀와의 전쟁을 치러야 합니다.

그러나 믿는 자의 권세는 오직 소수의 그리스도인들만이 잘 알고 있는 그리스도인의 삶의 한 분야입니다. 어떤 사람들은 마귀에 대한 권세는 하나님께서 특별한 능력을 주신 소수의 선택된 사람들에게만 속한 것이라고 생각합니다.

우리가 거듭나는 순간에 우리는 이 권세를 받습니다. 우리가 그리스도 예수 안에서 새로운 피조물로 만들어질 때 우리는 주 예수 그리스도의 이름을 물려받고, 우리가 마귀에게 대항하는 기도를 할 때 예수 이름을 사용할 수 있는 것입니다.

그러나 마귀는 그리스도인들이 믿는 자의 권세에 대하여 배우는 것을 원치 않습니다. 마귀는 언제든지 우리를 패배시키기를 바랍니다. 그러므로 마귀는 그리스도인들이 권세에 관한 진리를 배우지 못하도록 그가 할 수 있는 모든 것을 다하여 이것에 관하여 우리를 대적할 것입니다. 마귀는 우리가 이 진리를 배우게 되면 그의 전성시대가 끝장이 난다는 사실을 잘 알고 있기 때문입니다. 우리는 당연히 우리의 것인 그 권세를 향유함으로써 마귀를 지배할 것입니다.

에베소서 1장 3절에는 "찬송하리로다 하나님 곧 우리 주 예수 그리스도의 아버지께서 그리스도 안에서 하늘에 속한 모든 신령한 복으로 우리에게 복 주시되"라고 기록하였으며, 미국 표준 역본에는 "모든all 신령한 복들"을 "모든every 신령한 복"이라고 하여 "존재하는 모든 신령한 복"을 다 의미하고 있습니다.

그리스도 안에서 모든 신령한 복은 다 우리의 것입니다. 우리가 깨닫든지 못 깨닫든지 권세는 우리의 것입니다. 그러나 이 사실을 아는 것만으로는 충분하지 못합니다. 결과를 창출하는 것은 행동으로 옮겨진 지식뿐입니다. 그리스도인들이 자신들에게 속한 것이 무엇인지도 모르고 인생을 사는 것은 비극입니다.

"구원은 죄인들의 것이다"라는 것에 대하여 당신은 곰곰이 생각해 본 적이 있으십니까? 예수님은 우리를 구원하심과 똑같이 가장 악한 죄인의 속전贖錢도 이미 그 값을 치르셨습니다. 그래서 그 분은 우리에게 "가서 죄인들에게 이미 하나님과 화해되었다는 기쁜 소식을 전하라"고 하십니다.

그런데 우리는 결코 그렇게 말하지 않습니다. 우리는 그들에게 말하기를 "하나님은 그들에게 화가 나 계시며 그들이 저지른 모든 못된 잘못을 헤아리고 있다"고 말했습니다. 그러나 성경은 말씀하기를 하나님은 죄인에 대하여 아무 유감이 없다고 말하고 있습니다. 하나님은 죄를 지워버렸다고 말하십니다.

그러므로 불쌍한 죄인이 모든 죄의 빚이 도말되었음에도 불구하고 이 사실을 모르고 지옥으로 가야만 한다는 것은 참 기막힌 노릇입니다. 고린도후서 5장 19절에서 이를 말해 주고 있습니다.

죄의 문제는 이제 없습니다. 예수께서 해결하셨습니다. 이젠 오직 죄인의 문제만 남아 있습니다. 죄인을 예수께로 데리고 오십시오. 그러면 죄인의 문제는 해결될 것입니다. 그렇습니다. 이 말은 사람들이 그동안 배워 온 바와는 약간 다른 것이지만 이것이 바로 성경이 말하고 있는 것입니다.

죄인은 자신에게 속한 것이 무엇인지 모르므로 이것은 아무 소용이 없습니다. 이와 마찬가지로, 만일 그리스도인들이 자신들에게 속한 것들을 모른다면 이것도 그들에게 아무 소용이 없을 것입니다. 그들은 자신들에게 속한 것을 찾아내야 합니다. 그래서 하나님은 교회에 교사를 두셨습니다. 하나님은 말씀을 주셔서 우리의 것들이 무엇인지 말씀하고 계십니다.

자연 세계에 있어서도 역시 모든 것이 우리의 것이 될 수 있으나, 우리가 그것들에 대하여 모르므로 아무 유익이 없는 수가 있습니다. 나는 내 지갑에 20불 짜리 지폐를 넣어 놓고도 그것을 잊어버린 때가 있었습니다. 어느 날 자동차에 연료가 떨어져가고 있을 때, 나는 내 지갑을 뒤져서 그 20불을 찾아내었습니다. 나는 이 돈이 없었다고 말할 수 없습니다. 왜냐하면 나는 늘 그 돈을 가지고 있었기 때문입니다. 나는 몇 달 동안 그 돈이 있는 지갑을 내 바지 뒷주머니에 넣고 다녔으니까요. 단지 내가 가지고 있다는 것을 몰랐기 때문에 그 돈을 쓸 수 없었으나, 그 돈을 내가 가지고 있다는 사실을 알았을 때와 마찬가지로 몰랐을 때도 물론 그것은 나의 것이었습니다.

몇 년 전에 나는 한 주에 3불씩 세를 주는 작고 보잘 것 없는 집에 살다가 죽은 채 발견된 어떤 사람에 관한 기사를 읽은 적이 있습니다.

그는 약 이십여 년 간 걸레 같은 옷을 걸치고 쓰레기통을 뒤져서 깡통 속의 음식 찌꺼기를 먹곤 하던 시카고 거리의 낯익은 사람이었습니다.

한 이삼 일 그가 보이지 않자, 관심 있는 이웃들이 그를 찾아가서 그가 침대에서 죽어 있는 것을 발견하였습니다. 사체 부검 결과는 그가 영양 실조로 죽었음을 알려 주고 있었으나, 그의 허리띠에서 23,000불의 돈이 발견되었습니다.

그 사람은 비참한 가난 가운데서 신문을 팔며 살았지만 그는 돈을 가지고 있었습니다. 그는 그 작고 낡아빠진 집 대신에 시내 최고 호텔에서 살 수도 있었습니다. 그는 쓰레기 대신에 최고의 음식을 먹을 수도 있었습니다. 그러나 그는 그에게 속한 것을 사용하지 않았습니다.

우리는 무엇이 우리의 것인지 알아야 합니다. 예수님께서는 *"진리를 알지니 진리가 너희를 자유케 하리라"*(요 8:32)고 말씀하셨습니다. 호세아에서도 하나님은 *"내 백성이 지식이 없으므로 망하는도다"* (호 4:6)라고 말씀하고 계십니다. 실제로 사람들은 멸망하지 않아도 되는데 멸망하고 있습니다.

02
권세란 무엇인가?

흠정역본의 번역자들은 많은 단어들을 일관된 말로 번역하고 있지만, 그리스어로 "권능power"과 "권세authority"에 대해서는 그렇지 않습니다.

예를 들면, 흠정역본에서는 예수께서 누가복음 10장 19절에서 이렇게 말씀하십니다. "*내가 너희에게 뱀과 전갈을 밟으며 원수의 모든 능력power을 제어할 권능power을 주었으니 너희를 해할 자가 결단코 없으리라*" 이 구절에서 권능이란 단어는 두 번 사용되었지만, 원어에는 두 개의 다른 단어가 발견됩니다. 예수께서 실제로 말씀하신 것은 "내가 너희에게 뱀과 전갈을 밟을 권세를 주었다. 그리고 적의 모든 권능을 능가하는…"이었습니다.

"뱀과 전갈"에 관하여 말씀하시면서 예수께서는 마귀의 힘, 즉 귀신들, 악령들과 모든 마귀의 군대에 관해 말씀하고 있는 것입니다. 우리는 그들을 능가하는 권세를 가졌다는 사실을 깨달을 필요가 있습니다.

오늘날 주 예수 그리스도의 교회는 초대교회가 가졌던 권세보다 못한 권세를 가졌습니까? 그렇게 생각한다면 어리석은 일이 아닐까요?

우리가 가진 권세의 가치는 그 권세 뒤에 있는 능력에 근거하는 것입니다. 하나님 스스로가 우리의 권세 뒤에 계십니다. 마귀와 그의 부하들은 우리의 권세를 인정하지 않을 수 없습니다. 하나님의 권능이 자신을 보장해 주고 있다는 것을 철저히 이해하고 있는 신자는 그의 권세를 사용할 수 있고 겁내지 않고 원수와 대면할 수 있습니다.

권세란 무엇입니까?

권세란 위임된 능력입니다.

교통이 혼잡할 때에 교통을 안내하는 경찰이 손만 들어도 차들은 정지합니다. 만약 운전자들이 멈추지 않으려 한다면 그 차들을 멈추게 할 육체적 힘은 없습니다. 그러나 차량을 멈추게 하려고 그들은 그들 자신의 힘을 사용하는 것이 아닙니다. 그들은 그들이 일하고 있는 정부에 의하여 그들에게 부여된 권세 안에서 힘이 있는 것입니다. 주 예수 그리스도에 의해서 우리 안에 부여된 권세로 인하여 하나님을 찬양합시다.

바울은 성도들에게 그의 힘의 강력 안에서, 주 안에서 강해지라고 말했습니다(엡 6:10). 이 뜻은 당신이 당신의 손을 들면서 마귀에게 더 이상 가까이 오지 말라고 말하며 마귀 앞에 나설 수 있다는 말입니다. 당신의 권세를 사용하십시오.

언젠가 영국에서 스미스 위글스워스가 길모퉁이에서 버스를 기다리고 있었습니다. 그 때 한 여자가 아파트에서 나오는데 작은 개 한 마리가 그녀 뒤를 따라나오는 것이었습니다. 그녀는 그 개에게 "애야, 너는 뒤돌아 가야만 한다"라고 말했습니다. 그 개는 그녀에게 아무 관심도 기울이지 않았습니다. 그 개는 다만 꼬리를 흔들면서 그녀에게 몸을 사랑스럽게 비벼댈 뿐이었습니다. 그녀는 "자, 넌 갈 수 없다니까"라고 말했습니다. 바로 그 때 버스가 도착했습니다. 그녀는 발을 구르며 큰 소리로 외쳤습니다. "가라니까!" 그 개는 꼬리를 두 다리 사이에 감추고 즉시 도망쳤습니다.

위글스워스는 생각할 것도 없이 "마귀에게는 바로 저런 식으로 외쳐야 하는구나"라고 말했습니다.

우는 사자와 같이

1942년, 동부 텍사스에서 목회하던 중에 나는 내 몸을 검진 받았습니다. 나는 이에 대해 주님 외에는 아무에게도 말하지 않았습니다. 나는 기도하고 주께서 나를 치료하실 것을 믿었습니다. 그리고 굳건히 믿음으로 섰습니다. 밤중에 놀랄 만한 심장 이상이 있어서 깨어나 기도하곤 했습니다.

이렇게 나는 약 6주간 투쟁을 하였습니다. 어느날 밤 나는 잠을 청하기가 매우 어려웠습니다. 기도한 후에 마침내 겨우 잠이 들었는데 꿈을 꾸었습니다.

나는 내 평생에 오직 네 번만 하나님께서 꿈으로 말씀해 주신 것에 만족하고 있었는데, 이런 꿈은 우연한 것이 아니었습니다. 이 꿈은 주님으로부터 온 꿈이었습니다. 꿈에서 깨어난 나는 즉시 그 꿈이 의미하는 바를 알았습니다(꿈을 꾼 후 즉시 그 꿈의 의미를 모르시겠거든 잊어버리십시오).

이 꿈속에서 나는 다른 목사님과 야구장이나 연병장과 같은 곳을 걷고 있었습니다. 우리의 양쪽에 관람석이 준비되어 있었습니다. 우리는 이야기를 하며 걷고 있었는데 그가 펄쩍 뛰며 "저것 봐!"하고 소리를 질렀습니다. 내가 보니 사납게 으르렁거리는 두 마리의 사자가 보였습니다. 그는 도망가기 시작했습니다. 나도 그와 함께 달렸습니다. 그러다가 나는 멈춰 서서 그에게 우리가 스텐드로 몸을 피하기에는 너무 멀리 떨어져 있다고 말했습니다. 우리는 사자들을 피할 길이 없었습니다. 나는 죽은 듯이 조용히 멈춰선 후 뒤돌아 서서 사자들을 맞서기 위해 걸어갔습니다. 사자들은 이빨을 드러내 놓고 으르렁거리며 내게로 향하여 왔습니다. 나는 떨고 있었습니다. 나는 사자들에게 "내가 예수 이름으로 너를 대적한다. 예수 이름 안에서 너희는 나를 해칠 수 없다"고 말했습니다. 나는 그 곳에 서 있었습니다. 사자들은 마치 두 마리의 고양이처럼 내게 다가와 내 발목 주위에서 냄새를 맡더니 마침내 내게는 아무 관심도 없다는 듯이 장난을 치며 다른 곳으로 가버리는 것이었습니다.

그 때 나는 잠에서 깨어났습니다. 나는 하나님이 내게 말하시는 바가 무엇인지 정확히 알았습니다. 베드로전서 5장의 말씀이 떠올랐습니다. "근신하라 깨어라 너희 대적 마귀가 우는 사자같이 두루 다니며 삼킬 자를 찾나니 너희는 믿음을 굳건하게 하여 그를 대적하라 이는 세상에 있는 너희 형제들도 동일한 고난을 당하는 줄을 앎이라"(벧전 5:8-9)

내가 싸우던 육체적 싸움은 바로 그 순간 승리하게 되었습니다. 즉시 아픈 증상은 사라지고 나는 완쾌되었습니다. 나는 나의 믿음의 근거를 찾아 굳게 섰습니다. 나는 포기하지 않고 이겼습니다.

에베소서 6장 10절에 "끝으로 너희가 주 안에서와 그 힘의 능력으로 강건하여지고"라고 말하고 있습니다.

많은 사람들이 이 구절을 읽고 주님이 그들에게 스스로 강건하여지라고 말씀하고 있다고 생각합니다. 그러나 성경은 여러분 자신이 강건해지라고 한마디도 말하고 있지 않습니다. 성경은 주 안에서 강건해지라고 말하고 있습니다.

사람들은 "내가 그것을 해낼 수 있을지 없을지 알 수 없다"고 말합니다. 물론 당신은 그것을 해낼 수 있습니다. 그것에 대해서는 생각조차 하지 마십시오. 주 안에서 강건하십시오. 당신의 능력이나 힘이 아니라, 그의 힘의 능력 안에서 강건하십시오.

요한일서 4장 4절에서 말씀하시기를 "자녀들아 너희는 하나님께 속하였고 또 그들을 이기었나니 이는 너희 안에 계신 이가 세상에 있는 자보다 크심이라"고 했습니다.

'세상에 있는 자' 란 이 세상 신이요, 정사와 권세와 이 어둠의 세상 주관자인 사탄입니다. 그러나 당신 안에 있는 그 권능은 이 세상에 있는 권능보다 더욱 큽니다. 그것은 우리의 권세를 지원하는 권능이 우리의 원수들을 지원하고 있는 권능보다 더 크기 때문입니다.

예언

성령께서 말씀하십니다. "예수 그리스도로 말미암았고, 그의 원수를 이기심을 통하여 획득되었으며, 예수 그리스도의 이름에 부여된 땅 위의 권능은 교회에 속했다. 그러므로 이 권세를 사용하라. 왜냐하면 이 권세는 이 땅 위에서 너희에게 속한 것이며, 이 생에 있어서 너희들은 그리스도 예수로 말미암아 통치할 것이다."

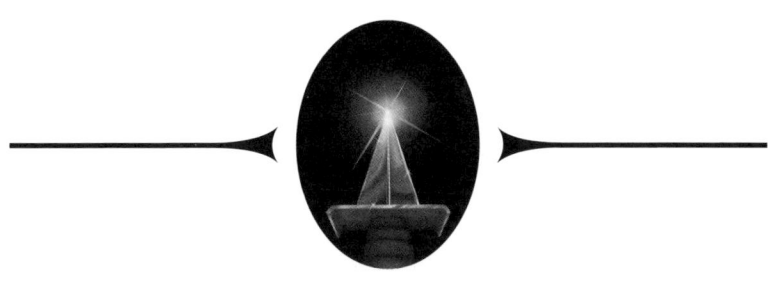

03
그리스도와 함께 앉음

마태복음 28장 18절은 "권능"대신 "권세"란 단어가 사용되어야 했던 또 다른 구절입니다.

흠정역에는 예수께서 그들에게 말씀하시기를 *"하늘과 땅의 모든 권능power이 내게 주어졌다"*고 했습니다. "권능"이 아니라, *"하늘과 땅의 모든 권세authority가 주어졌다"*라고 해야 맞습니다.

그리스도께서 승천하셨을 때 그는 자기의 권세를 교회에 인계하셨습니다. 그는 교회의 머리가 되시며 신자들은 그 몸을 구성하고 있습니다.

그리스도의 권세는 지상에 있는 그의 몸을 구성하고 있습니다. 그리스도의 권세는 지상에 있는 그의 몸을 통하여 영속되어야만 합니다

(에베소서 전체와 다른 서신서들을 통하여 바울은 그리스도의 몸을 설명하기 위해 사람의 몸을 사용하였습니다).

그리스도는 아버지 우편, 즉 권세의 자리에 앉아 계시며 우리도 그와 함께 앉아 있습니다. 당신이 역사를 조금 안다면 왕이나 교황의 우편에 앉는 것은 권세를 의미한다는 것을 알 것입니다. 우리는 그리스도와 함께 죽었고 그와 함께 살아났습니다. 이것은 미래에 하나님께서 행하실 어떤 일이 아닙니다. 그가 이미 그것을 이루셨습니다.

하나님의 가장 위대한 일

너희 마음의 눈을 밝히사 그의 부르심의 소망이 무엇이며 성도 안에서 그 기업의 영광의 풍성함이 무엇이며 그의 힘의 위력으로 역사하심을 따라 믿는 우리에게 베푸신 능력의 지극히 크심이 어떠한 것을 너희로 알게 하시기를 구하노라 그의 능력이 그리스도 안에서 역사하사 죽은 자들 가운데서 다시 살리시고 하늘에서 자기의 오른편에 앉히사 모든 통치와 권세와 능력과 주권과 이 세상뿐 아니라 오는 세상에 일컫는 모든 이름 위에 뛰어나게 하시고 또 만물을 그의 발 아래에 복종하게 하시고 그를 만물 위에 교회의 머리로 삼으셨느니라 교회는 그의 몸이니 만물 안에서 만물을 충만하게 하시는 이의 충만함이니라   엡 1:18-23

특별히 19절을 유의해 보십시오. "그의 힘의 위력으로 역사하심을 따라 믿는 우리에게 베푸신 능력의 지극히 크심이 어떠한 것을 너희로 알게 하시기를 구하노라" 다른 말로 하면, 예수를 죽음에서 살리심은 하나님의 권능의 엄청난 표현이었고, 이것은 이제까지 기록에 남겨진 것 중에서 하나님의 가장 위대한 일이었습니다. 부활은 사탄과 모든 그의 군대들에 의해 방해받았습니다. 그러나 사탄의 군대는 우리 주 예수 그리스도 때문에 어찌할 바를 몰랐고 패배를 당했습니다. 주님은 살아나셨고 승천하셔서 지금은 사탄의 군대보다 훨씬 위에 아버지의 우편에 앉아 계십니다.

골로새서 2장 15절의 말씀이 기억나십니까? "통치자들과 권세들을 무력화하여 드러내어 구경거리로 삼으시고 십자가로 그들을 이기셨느니라" 이것이 바로 우리가 다루어야 할 예수께서 무찌르셨던 그 마귀의 권능입니다.

다른 번역본에는 예수께서 "그들을 무력하게 하셨다" 혹은 "마비시켰다"로 번역되어 있습니다.

고대에는 승리한 임금들이 포로들을 잡아가지고 돌아와서 시가 행진을 하며 자신들의 승리를 공공연히 자랑하였습니다. 예수님은 마귀를 무찌르신 후 세 개의 세상, 즉 하늘과 지옥과 땅 앞에 승리를 과시하셨습니다. 하나님은 이 사실을 그의 성경에 기록해 놓으시므로 우리가 이 세상에서도 어떤 일이 일어났었는가를 알 수 있게 해 놓으셨습니다.

하나님은 우리가 예수님의 죽음, 장사됨, 부활, 앉으심 안에 무슨 일이 일어났는지를 알기 원하셨습니다. 하나님은 친히 그리스도를 "모든 통치와 권세와 능력과 주권과 … 위에 뛰어나게"(엡 1:21) 하셨다는 사실을 우리가 알기 원하십니다.

우리 권세의 근원

우리 권세의 근원은 하나님께서 이루신 이 부활과 그리스도를 높이신 것에서 발견됩니다. 에베소서 1장 18절에서 성령께서 바울을 통하여 에베소인들의 이해의 눈(그들의 영)이 이 진리들에 눈 뜨기를 기도하고 있는 것을 주목하십시오.

성령님은 모든 믿는 교회들이 가르침을 받기 원합니다. 그러나 믿는 자의 권세에 관한 진리는 그동안 많은 그리스도인들에 의해 간과되어 왔습니다.

당신은 지식으로는 믿는 자의 권세를 결코 이해할 수 없으므로 이에 대한 영적인 계시를 얻어야만 합니다. 당신은 믿음으로 그것을 믿어야만 합니다.

그는 허물과 죄로 죽었던 너희를 살리셨도다 그 때에 너희는 그 가운데서 행하여 이 세상 풍조를 따르고 공중의 권세 잡은 자를 따랐으니 곧 지금 불순종의 아들들 가운데서 역사하는 영이라 전에는 우리도 다 그 가운데서 우리 육체의 욕심을 따라 지내며 육체와 마음의 원하는 것을 하여 다른 이들과 같이 본질상 진노의 자녀이었더니 긍휼이 풍성하신 하나님이 우리를 사랑하신 그 큰 사랑을 인하여 허물로 죽은 우리를 그리스도와 함께 살리셨고 (너희는 은혜로 구원을 받은 것이라) 또 함께 일으키사 그리스도 예수 안에서 함께 하늘에 앉히시니 이는 그리스도 예수 안에서 우리에게 자비하심으로써 그 은혜의 지극히 풍성함을 오는 여러 세대에 나타내려 하심이라

엡 2:1-7

첫 절에는 "*그는 허물과 죄로 죽었던 너희를 살리셨도다*"고 하였습니다. 여기서 성령님은 바울을 통하여 "그의 힘의 강력하게 역사하심을 따라 하나님께서 예수를 죽음에서 살리시고 죽었던 너희를 살리셨을 때"라고 했습니다.

보십시오. 에베소서 1장 20절에서 그리스도를 죽음에서 살리셨다고 표현하고 있듯이, 에베소서 2장 1절에서는 그의 백성을 살리셨다고 하고 있습니다.

하나님의 마음에는 예수님께서 죽음에서 부활하셨을 때 우리도 죽음에서 살아난 것입니다.

제 2장을 더 읽어보면 "*허물로 죽은 우리를 그리스도와 함께 살리셨고… 또 함께 일으키사 그리스도 예수 안에서 함께 하늘에 앉히시니*" (5-6절)라고 하였습니다.

그 머리(그리스도)와 그 몸(교회)이 함께 일어난 것을 주목하십시오. 더욱이 그의 권세는 머리와 몸이 하나이므로 머리에만 주어진 것

이 아니라, 몸에도 주어졌습니다(당신이 어떤 사람을 생각할 때 머리와 몸을 하나로 생각하는 것처럼 말입니다).

제가 아는 한, 교회들은 우리가 그리스도와 함께 살아난 것을 믿고 있는 것 같습니다. 그런데 왜 우리는 그와 함께 앉아 있는 것을 믿지 않습니까?

이 성경 구절의 일부가 옳다면 전체도 옳아야 할 것 아닙니까?

만일 교회로서의 우리가 바로 그리스도요, 우리가 살아났으며, 그리스도의 일을 한다는 계시를 갖기만 한다면 얼마나 좋겠습니까!

지금까지 우리는 이것을 제한된 방법으로만 행하여 왔습니다. 그리스도에게 속한 권세는 그리스도의 몸의 각 지체들에게도 속한 것이며, 우리가 언제든지 사용 가능한 것이란 사실을 깨닫는 순간 우리의 삶은 대변혁을 맞이할 것입니다.

> 몸은 하나인데 많은 지체가 있고 몸의 지체가 많으나 한 몸임과 같이 그리스도도 그러하니라 우리가 유대인이나 헬라인이나 종이나 자유인이나 다 한 성령으로 세례를 받아 한 몸이 되었고 또 다 한 성령을 마시게 하셨느니라 몸은 한 지체 뿐만 아니요 여럿이니
>
> 고전 12:12-14

> 너희는 그리스도의 몸이요 지체의 각 부분이라
>
> 고전 12:27

우리가 그리스도의 몸인 것을 하나님께 감사 드립시다!

> 너희는 믿지 않는 자와 멍에를 함께 메지 말라 의와 불법이 어찌 함께 하며 빛과 어둠이 어찌 사귀며 그리스도와 벨리알이 어찌 조화되며 믿는 자와 믿지 않는 자가 어찌 상관하며 고후 6:14-15

믿는 자는 "의"라고 하였고 불신자는 "불의"라고 하였습니다. 믿는 자는 "빛"이며 불신자는 "어둠"이라 하였습니다. 믿는 자는 "그리스도"이며 불신자는 "벨리알"이라 하였습니다.

그리스도와 함께 앉다

고린도전서 6장 17절에 *"주와 합하는 자는 한 영이니라"*고 하였습니다. 우리는 그리스도와 한 영입니다. 우리는 그리스도입니다. 우리는 높으신 폐하의 오른편에 앉아 있습니다. 만물이 우리 발아래 놓여져 있습니다.

우리의 문제는 그동안 우리가 "십자가" 신앙만을 설교했는데, "왕좌"의 신앙도 설교할 필요가 있다는 것입니다. 무슨 말이냐 하면, 사람들은 십자가에 자기들이 남아 있어야 한다고 생각해 왔다는 것입니다. 어떤 이는 성령 세례를 받고도 십자가로 다시 돌아가서 지금까지 거기에 머물러 있습니다.

"십자가로 가까이, 십자가로 가까이…" 하며 우리는 찬송했습니다. 맞습니다. 우리는 구원을 받기 위해 십자가로 나올 필요가 있습니다.

그러나 우리는 거기 머물러 있을 필요는 없습니다. 자! 오순절로, 승천으로, 왕좌 앞으로 전진합시다! 십자가는 사실 패배의 자리이지만 부활은 승리의 자리입니다.

당신이 십자가를 설교할 때, 당신은 죽음을 설교하고 있는 것이며 성도들을 죽음에 버려 두는 것입니다. 우리는 모두 죽었었습니다.

그러나 우리는 그리스도와 함께 살아났습니다. 그리고 그리스도와 함께 앉아 있습니다. 장소적으로 말하면, 그 곳이 지금 앉아 있는 곳입니다. 우리는 그리스도와 함께 하늘의 권세의 장소에 앉아 있는 것입니다.

많은 그리스도인들이 믿는 자의 권세에 관하여 아무 것도 모르고 있습니다. 그들은 간신히 구원받았으며 겨우 따라갈 수 있는 길을 걸으며, 사는 동안 마귀의 지배를 받는 인생을 살아야만 한다고 믿고 있습니다.

우리는 죽음의 결박으로부터 구원받아 새로운 삶을 살아야 할 필요가 있습니다. 우리는 십자가 위에 있는 것이 아닙니다. 우리는 그리스도와 함께 죽었지만, 하나님은 그와 함께 우리를 모두 살리셨습니다. 하나님께 영광을 돌립시다. 이제 어떻게 당신의 권세의 자리를 차지하는지를 배우십시오.

하나님 보좌의 오른편은 전 우주의 권능의 중심입니다. 보좌의 권세를 사용하는 것은 부활하신 주님께 맡겨졌습니다. 우리는 그리스도께서 부활하신 그 몸을 가지고 그의 원수들을 그의 발등상으로 삼으실 아버지의 때를 기다리며 그 곳에서 그의 권리를 완전히 소유하고 계신다는 것을 알고 있습니다.

히브리서 1장 13절은 이렇게 말씀하고 있습니다 "어느 때에 천사 중 누구에게 내가 네 원수로 네 발등상이 되게 하기까지 너는 내 우편에 앉아 있으라 하셨느냐" 이 말씀은 하나님께서 그리스도의 사람들을 그리스도와 함께 하늘로 올리심으로 우리가 그의 보좌 뿐만 아니라, 그의 권세도 함께 소유하며 그와 함께 앉아 있다는 사실을 분명하게 강조하고 있습니다.

바울이 로마에 있는 그리스도인들에게 "한 사람의 범죄로 말미암아 사망이 그 한 사람을 통하여 왕 노릇하였은즉 더욱 은혜와 의의 선물을 넘치게 받는 자들은 한 분 예수 그리스도를 통하여 생명 안에서 왕 노릇하리로다"라고 한 것은 놀랄 일이 아닙니다. 확대번역본 성경The Amplified Bible을 포함한 여러 다른 역본에서는 "이 세상에서 왕으로서 다스리다"라고 하였습니다.

여러분은 하늘 나라에 가서만 다스릴 것입니까? 아닙니다. 우리는 예수 그리스도로 말미암아 이 세상에서 왕으로 다스리며 살아야 합니다. 왕은 무슨 말을 하든지 그것이 법이 됩니다. 왜냐하면 왕은 최고의 권세자이기 때문입니다. 우리는 그리스도의 왕권을 상징하는 그 권세에 동참하고 있습니다.

우리 중 어떤 사람들은 약간의 영적 이해력을 가졌기 때문에 다른 사람들보다는 공중의 권세들을 능가하는 약간의 권세를 행사할 수 있었지만, 하나님은 우리 모두 다 이 영적인 이해를 갖기를 원하고 계십니다.

균형을 유지하기

성령께서는 바울을 통하여 우리 모두가 지혜와 이해, 그리고 마귀의 능력 및 인간의 마음을 끊임없이 조종함으로 생기는 문제들을 능가하는 권세를 가지기를 기도하였습니다. 교회가 균형을 유지하는 것이 세상에서 가장 어려운 일인 것 같습니다. 믿는 자의 권세를 포함하여 어느 주제라도 극단까지 밀고 나간다면 그것은 해롭게 될 뿐 축복이 되지 않습니다.

사람들에게 "신령한 아버지Father Divine"로 불리는 그는 구원을 받았고 성령 충만을 받았습니다. 그는 진리를 가지고 있었습니다. 그리고 그는 우리가 공부해 오고 있는 바로 이 성경 구절들을 공부하기 시작했습니다. 그는 "우리가 그리스도라면, 나는 그리스도다. 그리스도는 하나님이니, 나는 하나님이다"라는 논리를 폈습니다. 그는 매우 인기 있는 이단 종파를 창설했고, 사람들은 그를 숭배했습니다.

들판의 불같이 광신주의나 극단에 빠지는 것은 마치 도로의 양쪽 끝에 있는 도랑에 빠지듯이 쉬운 일입니다. 우리는 모두 길 한가운데로 지나가면서 균형을 잡읍시다.

금세기가 시작되기 전, 오스트레일리아에서 사역을 하는 도중 치유에 관하여 계시를 받았던 스코틀랜드 사람인 존 알렉산더 도위는 그의 평생에 대양을 여러 번 건넜습니다. 그는 폭풍우를 많이 만났고, 폭풍우가 쳐들어 올 때마다 그는 예수님께서 하셨던 것처럼 폭풍우를 꾸짖었고, 그러면 폭풍우는 항상 그쳤다고 했습니다.

우리는 이런 이야기에 놀라서는 안 됩니다. 왜냐하면 예수께서도 *"내가 진실로 진실로 너희에게 이르노니 나를 믿는 자는 내가 하는 일을 그도 할 것이요 또한 그보다 큰 일도 하리니 이는 내가 아버지께로 감이라"* (요 14:12)라고 말씀하셨으니까요. 어떤 이는 "더 큰 일"이란 도대체 무엇일까 의문을 가질 것입니다. 자, 그러면 예수께서 하셨던 일부터 먼저 알아보고 "더 큰 일"에 대해 생각해 봅시다.

예수께서는 오직 선택된 몇 명의 사람들만 이런 일들을 하리라고 말씀하시지 않고, 그를 믿는 사람들이 이런 일들을 하리라고 말씀하셨습니다. 하나님의 말씀이 믿는 자의 권세에 관하여 우리의 심령을 가르치고 교육하심을 우리가 자세히 살필 때, 우리가 이 위대한 진리 가운데서 더욱 더 행할 수 있으리라는 것을 나는 믿습니다.

04
마귀의 권능 부수기

우리는 에베소서 6장 12절에 이렇게 적혔음을 봅니다. "우리의 씨름은 혈과 육을 상대하는 것이 아니요 통치자들과 권세들과 이 어둠의 세상 주관자들과 하늘에 있는 악의 영들을 상대함이라"

이 악한 영들은 주 예수 그리스도에 의해 권위 있는 지위에서 쫓겨난 타락한 천사들이라고 하나님의 말씀은 가르쳐 주고 있습니다. 우리는 이 귀신들과 상대할 때, 예수께서 그들을 무찌르시고 망쳐 놓으시고 무력하게 하셨다는(골 2:15) 지식을 갖고 해야만 합니다. 이제는 예수께서 그들을 권위 있는 지위에서 쫓아 내셨으므로 우리는 이제 그들 위에 군림할 수 있습니다.

아담의 반역

원래 하나님은 땅과 그 위에 충만한 것들을 만드신 후에 그 분의 손으로 만드신 것들을 지배하고 다스릴 권세를 아담에게 주셨습니다. 다른 말로 아담이 이 세상의 신이었다는 말입니다. 아담은 대 반역을 행하여 사탄에게 팔렸고, 사탄은 아담을 통하여 이 세상의 신이 되었습니다. 아담은 반역을 행할 도덕적 권리는 없었으나, 그는 그렇게 행할 법적 권리를 가졌었습니다.

이제 사탄은 "아담의 임대차 계약"이 만기가 될 때까지 이 세상의 신이 되었고, 이 땅에 있을 권리를 갖게 되었습니다. 우리가 새로운 피조물이 되어 그리스도의 몸 안에 연합될 때까지는 사탄이 우리를 다스릴 권리를 가졌습니다. 이는 골로새서 1장에서 우리가 볼 수 있습니다.

"우리로 하여금 빛 가운데서 성도의 기업의 부분을 얻기에 합당하게 하신 아버지께 감사하게 하시기를 원하노라 그가 우리를 흑암의 권세에서 건져내사 그의 사랑의 아들의 나라로 옮기셨으니"(골 1:12-13).

이것이 바로 사탄이 우리를 지배하거나 통치할 아무런 권리가 없다는 이유입니다. 그러나 보통 그리스도인들은 하나님의 권세와 능력보다도 사탄의 권세와 능력에 대해 더 믿음을 가지고 있습니다.

성경은 첫 사람 아담에 관해서만 말하고 있을 뿐만 아니라, 둘째 아담이신 예수 그리스도, 즉 우리의 대속물이신 분에 관하여도 말하고 있습니다. 고린도전서 15장 45절에 그는 "마지막 아담"으로 불리고 있으며, 47절에서 그는 "두 번째 아담"으로 불려지고 있습니다. 예수께서 행하신 모든 것은 우리를 위해서 하신 것입니다.

문제는 우리가 모든 것을 장래 문제로 돌리는 데 있습니다. 대부분의 교인들은 우리가 우리의 영적 권세를 천년왕국 시대에 행사하리라고 믿고 있습니다. 만일 그렇다면 왜 성경은 사탄이 이 천년 왕국 시대에 결박을 당할 것이라고 말하고 있습니까? 그 때엔 상처를 주거나 파괴할 아무 것도 이 곳엔 존재하지 않을 것이기 때문입니다.

지금의 권세

우리가 권세를 가지는 것은 상처를 주고 파괴할 어떤 것이 있는 지금 현재입니다. 그러나 많은 사람들은 우리가 지금은 아무 것도 많이 가질 수 없다고 믿고 있습니다. 그들은 하늘 아래, 이 땅 위의 일은 대부분 사탄이 행하고 있다고 생각합니다.

그러나 비록 우리가 세상에 있지만 세상에 속하지는 않았다는 것을 명심해야 합니다. 사탄이 여기 땅 위의 많은 것을 주장합니다만, 그가 나를 주장하는 것은 아닙니다. 우리가 그를 지배할 수 있습니다. 우리는 그를 능가하는 권세를 가지고 있습니다.

예수께서 이렇게 말씀하셨습니다. "내가 너희에게 뱀과 전갈을 밟으며 원수의 모든 능력을 제어할 권세를 주었으니 너희를 해칠 자가 결코 없으리라"(눅 10:19).

금세기의 교회는 죽음, 장사됨, 부활, 승천과 아버지의 오른쪽에 앉으신 직후의 교회보다 적은 권세를 소유하고 있다는 말입니까? 만일 오늘날 교회가 더 적은 권세를 소유하고 있다면 예수님께서 죽으시지 않은 편이 더 나을 뻔 했습니다. 그러나 결코 그렇지 않습니다. 하나님께 감사하게도 우리는 권세를 가졌습니다.

우리는 이 진리가 우리의 삶 속에 온전히 연합되도록, 이 진리가 우리 의식의 일부가 될 때까지 이 말씀을 묵상하고 영의 양식으로 섭취할 필요가 있습니다. 자연을 예로 말한다면, 우리는 의사들이 우리에게 어떤 비타민과 무기질 등이 강한 몸을 구성하는데 필요하다고 말해주므로 매일 어떤 음식을 먹습니다. 말하자면 건강한 그리스도인이 되기 위해서도 우리는 소위 영적 "비타민"과 "무기질"을 매일 섭취할 필요가 있습니다.

예수님은 마태복음 28장 18절에서 "…하늘과 땅의 모든 권세를 내게 주셨으니"라고 말씀하셨습니다. 땅 위에서 행사될 수 있는 모든 권세는 교회를 통하여 행사되어야만 합니다. 왜냐하면 그리스도께서는 여기에 사람 – 그의 육체적 몸 – 으로 존재하지 않으시기 때문입니다.

우리는 그리스도의 몸입니다. 비록 우리가 모든 것을 그 분께 맡기면서 "이제, 주님! 이것도 하고 저것도 해 주십시오"라고 기도하긴 했지만, 그 분은 땅 위의 모든 권세를 그의 몸인 교회에 주셨습니다. 그래서 우리가 그 문제들에 대하여 어떤 일을 하지 않고 그 문제들이 존재하도록 방임하기 때문에 많은 문제들이 현존하고 있는 것입니다.

이 문제들에 대하여 무엇인가 조치를 취해야 할 사람들은 우리임에도 불구하고 우리는 이 문제에 관하여 하나님을 포함하여 누군가 다른 이가 대신해 주기만을 바라며 여기에 힘을 쏟고 있습니다.

이것은 수 년 전에 제가 이 분야에 대하여 공부할 때 실감했습니다. 나에게는 여러 해 동안 그의 구원을 위해 기도해온 형이 한 명 있었습니다. 나의 형은 소위 우리 가족의 '검은 양(말썽꾼)'이었습니다.

나는 늘 "하나님, 그를 구원하소서!"라고 기도하며 금식까지 했습니다. 나는 이런 식으로 기도하는 버릇이 있었지만, 형은 내 기도에도 불구하고 좋아지기는 커녕 점점 악해져만 가는 듯이 보였습니다.

어느날 형님의 구원을 위하여 기도하고 있을 때, 내 심령 안에서 주님께서 제게 도전하도록 명령하는 말씀을 들었습니다.

주님은 "네가 무엇인가를 하라!"고 말씀하셨습니다. 입으로는 잘 설명할 수 없었지만 내 영으로는 알고 있었던, 내가 소유한 이 권세를 이해하기 시작하였던 것입니다.

주님께서 형님의 구원에 대하여 내게 무엇인가 도전하라고 명하신 후 – 내가 권세를 가졌다는 것을 그가 내게 말씀하신 후 – "예수 이름으로 나의 형님에게 역사하는 마귀의 권능을 깨어버린다. 그리고 나는 그의 구원을 요구한다"라고 말했습니다.

나는 계속 말을 하거나 기도를 하지 않았습니다. 명령을 한 것입니다. 왕은 명령만 내리면 그의 명령이 수행될 것을 압니다.

마귀는 나의 형님이 결코 구원받지 못할 것이라고 내게 말하려고 애썼지만 이제 나는 편안한 마음으로 웃을 수 있게 되었습니다. "나는 그가 구원받으리라고 생각하는 것이 아니다. 나는 그가 구원받으리라는 것을 안다! 나는 예수 이름을 가졌고, 또 그 사람을 지배하여 역사하는 권능을 파괴하였고, 그의 구출과 구원을 요청하였다"라고 말했습니다.

나는 휘파람을 불면서 내 할 일만 하였습니다. 열흘도 안 되어서 나의 형님은 구원을 받았습니다.

말씀은 역사하십니다.

마귀를 어떻게 다루는가?

사탄이 당신을 불신 속에 가두어 두고 있거나 당신을 이성의 영역에 붙들어 두고 있는 한, 사탄은 모든 싸움에서 당신을 이길 것입니다.

그러나 만일 당신이 사탄을 믿음과 성령님의 영역에 붙들어 둔다면, 당신이 매번 이길 것입니다. 그는 결코 당신과 예수의 이름에 관하여 논쟁하지 않을 것입니다. 그는 그 이름 자체를 두려워 합니다.

가장 효과적으로 기도하는 방법은 여러분이 여러분의 권리들을 요구할 때라는 것을 나는 알았습니다. 이것이 바로 내가 기도하는 방법입니다. "나는 나의 권리들을 요구합니다!"

미문 앞에서 베드로는 앉은뱅이를 위하여 기도하지 않았습니다. 그는 그가 치료되어지기를 요구하였습니다(행 3:6). 여러분은 여러분의 권리를 요구할 수 있습니다.

예수님께서는 요한복음 14장에서 이렇게 말씀하셨습니다. "*너희가 내 이름으로 무엇을 구하든지 내가 행하리니… 내 이름으로 무엇이든지 내게 구하면 내가 행하리라*"(13~14절). 예수님은 기도에 관하여 말씀하고 있는 것이 아닙니다. 본문에서는 단지 "구하라"고 하였으나 희랍어로는 "구하라"가 아니라, "요구하라" 입니다.

반면에 요한복음 16장 23~24절은 기도에 관하여 말씀하고 계십니다. "*그 날에는 너희가 아무 것도 내게 묻지 아니하리라 내가 진실로 진실로 너희에게 이르노니 너희가 무엇이든지 아버지께 구하는 것을 내 이름으로 주시리라 지금까지는 너희가 내 이름으로 아무 것도 구하지 아니하였으나 구하라 그리하면 받으리니 너희 기쁨이 충만하리라*" (여기서 아버지는 기도와 함께 언급되어 있습니다만 요한복음 14장의 구절에는 아버지가 언급되어 있지 않습니다).

희랍어에는 실제로 "네가 너의 권리와 특권으로써 무엇을 요구하든지…"로 되어 있습니다. 당신은 당신의 권리가 무엇인지를 배워야 합니다.

수 년 전에 내가 텍사스의 한 작은 교회에서 목회하고 있을 때, 한 자매님이 난폭하게 미쳐버린 자기의 여동생을 위해 기도해 달라고 목사관으로 그녀를 데리고 왔습니다. 이 여인은 자살하려고 하고 남노죽이려고 하였으므로 2년 동안이나 독방에 감금되어 있었습니다.

그러나 그녀의 건강은 날로 악화되어서 의사들은 그녀에게 휴가를 권했습니다. 왜냐하면 이제 그녀는 더 이상 위험스러운 상태가 아니었기 때문입니다.

마귀의 권능 부수기 87

그 환자의 언니가 나를 "목사님"이라고 소개하자, 그녀의 입에서는 성경 구절들이 흘러 나오기 시작했습니다. 그녀는 자신이 용서받을 수 없는 죄를 지었다고 생각했습니다.

주님께서는 내가 그녀 앞에 서서 이렇게 말하라고 하셨습니다. "예수 이름으로 명하노니, 나와라, 너 더러운 마귀야! "라고 말입니다. 나는 그렇게 했지만, 아무 일도 일어나지 않았습니다. 그러나 나는 내가 믿음의 말씀을 했음을 알았습니다.

여러분은 온종일 거기 서서 마귀를 나오라고 명령해야만 하는 것은 아닙니다. 여러분이 여러분의 권세를 알고 있다면 여러분이 마귀에게 말하는 순간에 마귀가 그 일을 행할 것입니다. 그들은 조만간 떠나야만 합니다.

이틀 후에 나는 그녀가 처음 정신을 잃게 되었을 때 가졌던 것과 비슷한 종류의 난폭한 공격을 받았다는 얘기를 들었습니다. 이 소식도 저를 흔들어 놓지는 못했습니다. 예수께서 마귀를 꾸짖는 경우, 사람들이 넘어지고 그 마귀가 그들을 괴롭히는 것을 성경에서 읽을 수 있습니다. 마귀가 그녀를 아주 떠나기 전에 이 여인을 괴롭히고 있다는 것을 나는 알았습니다. 나는 그녀가 더 이상 발작을 하지 않을 것을 알고 있었고, 실제로 그녀는 발작을 하지 않았습니다. 의사는 그녀가 정상적이라고 선언했으며, 그녀를 집으로 아주 돌아가도록 하였습니다.

20년이 지난 후 그녀는 행복하고 건강하게 사업을 하면서 주일에는 주일학교 한 반을 가르치며 잘 살고 있습니다.

권세에 있어서 믿음의 역할

믿음은 영적 권세를 행사하는데 관계가 있습니다. 물론 이럴 때는 악령들이 즉시 나오기도 합니다만 당신이 믿음의 말씀을 하는데도 불구하고 악령들이 나오지 않더라도 그것에 대하여 불안해하지 마십시오.

나는 나의 믿음의 기초를 성경 말씀이 무엇을 말하는가에 두고 있습니다. 어떤 사람들의 믿음은 성경에 근거하지 않고 징후에 근거를 둡니다. 그들은 믿음 밖에서, 감각의 영역에서 역사하고 있는 것입니다. 그들은 어떤 나타남, 즉 표시가 있어야 마귀가 떠났다고 생각합니다. 그러나 당신이 어떤 징후를 얻었다고 마귀가 떠난 것이 아닙니다. 마귀는 아직 그대로 있으며 당신은 이를 알고 당신의 권세를 사용해야만 합니다.

상황이 즉시 변하지 않을 때, 어떤 사람들은 실망한 나머지 자연 법칙 수준으로 떨어져 버립니다. 그들은 마귀가 그들을 지배하도록 권세를 포기합니다.

스미스 위글스워스는 자주 이렇게 말했습니다. "나는 내가 무엇을 보느냐에 따라 요동되지 않습니다. 나는 내가 무엇을 느꼈느냐에 따라 요동되지 않습니다. 나는 오직 내가 믿는 바에 따라서만 행동합니다." 자, 당신의 위치를 선택하십시오.

내가 성령 세례를 받기 전에는 나는 젊은 침례교 목사였습니다. 그 당시는 대공황 기간이었으며 나는 내가 부양해야 할 어머니와 동생이 한 명 있었습니다. 어머니의 적은 수입으로는 각종 공과금과 세금, 보험료 등을 지불하였고, 나의 수입으로는 우리의 양식을 샀습니다. 나는 오직 한 벌의 양복과 여벌 바지 하나만을 가지고 있었습니다.

이 대공황 기간 동안에 도난 사건이 많이 발생했는데 누군가 나의 양복 바지 둘을 모두 훔쳐가 버렸습니다. 나는 그 바지들을 월요일에 도난 당했고, 그 주 목요일에 설교를 하게 되어 있었습니다. 그래서 나는 화요일 일을 마치면서 기도했습니다. "주님, 이제 내가 가진 것이라곤 카키색 작업복뿐인데, 그 옷을 입고 설교를 할 수는 없잖습니까? 이 바지들은 낡아빠진 작업복이 아닙니까?"

나는 주님께 목요일까지 내가 잃어버린 바지들이 그 옷들이 걸렸던 바로 그 자리에 걸려 있는 것을 볼 것을 기대한다고 말씀드렸습니다. 나는 그 바지를 훔친 그 사람이 너무나 괴로워서 그 옷을 되돌려 주지 않고는 못 견디게 해 달라고 기도했습니다.

누군가에게 도둑질하도록 만든 것은 분명히 나쁜 영임에 틀림없습니다. 나는 그 영을 다루고 있었던 것이지, 그 사람을 상대한 것이 아닙니다. 왜냐하면 우리는 영들에 대하여 권세를 가지고 있기 때문입니다. 나는 영에게 이 일을 멈추라고 명했습니다. 내가 목요일 오후에 집에 돌아왔을 때, 나는 그 바지들이 거기 있을 것을 알았고, 바지는 거기 있었습니다. 그러므로 우리는 마귀를 대적하여 일어날 수 있으며, 그리고 일어나야만 합니다.

05
권세의 행사

권세의 행사로 들어가는 문은 바울이 에베소 교회를 위해서 했던 두 구절의 기도를 중심으로 되어 있습니다. 즉 "그의 능력이 그리스도 안에서 역사하사 죽은 자들 가운데서 다시 살리시고 하늘에서 자기의 오른편에 앉히사"(엡 1:20)와 "또 함께 일으키사 그리스도 예수 안에서 함께 하늘에 앉히시니"(엡 2:6) 입니다.

이 두 기도를 묵상하십시오. 여러분 자신을 위해 기도하는 법으로 배우십시오. 이 기도가 당신의 내적 인식의 일부가 될 때까지 이 진리를 위해 기도하십시오. 그러면 이 기도가 당신의 삶을 지배할 것입니다.

그러나 이 기도를 정신적으로만 받아들이려고 노력하지는 마십시오. 반드시 영 안의 계시로 받아들여야만 합니다. 그리스도는 사탄의 영역

아래 있는 모든 권능들을 능가하는 아버지의 우편에 앉아 계실 뿐만 아니라, 우리도 "하나님께서 우리와 함께 일으키셨으므로" 역시 그 곳에 있는 것입니다. 우리가 앉아 있다는 것 뿐만 아니라, "모든 통치와 권세와 능력과 주권 위에" 우리가 앉아 있는 자리를 주목하십시오.

하나님의 마음속에는 그리스도께서 살아나셨을 때 우리도 살아난 것입니다. 그리스도께서 앉았을 때 우리도 앉았습니다. 위치로 말하면 그 곳이 바로 우리가 앉아 있는 곳입니다. 우리는 그리스도와 함께 아버지의 오른편에 앉아 있습니다. 그리스도의 앉으신 행동은 당분간은 최소한 그의 일이 연기된 면을 암시하고 있는 것입니다.

그리스도께 주어진 모든 권세는 그를 통하여 우리에게 속한 것입니다. 우리는 이 땅 위에서 그의 일을 수행하므로 그 분을 돕는 것입니다. 하나님의 말씀 가운데 우리에게 행하라고 하는 그의 일의 한 측면은 마귀를 정복하는 것입니다. 사실 그리스도께서는 우리 없이는 이 땅 위에서 그의 일을 하실 수 없습니다.

어떤 사람은 "그는 나 없이 사실 수 있지만 나는 그 분이 필요합니다"라고 주장할 것입니다. 하지만 그렇지 않습니다. 당신이 그 분 없이 살 수 없는 것과 마찬가지로 그 분도 당신 없이는 지내실 수 없습니다.

보십시오! 바울이 에베소서에서 보여주고 있는 진리는 그리스도는 머리가 되시며 우리는 그의 몸이라는 것입니다. 만일 당신의 몸이 "나는 머리 없이도 지낼 수 있어요. 나는 머리가 필요 없습니다"라고 할 수 있겠습니까?

아닙니다. 당신의 몸은 당신의 머리 없이 지낼 수 없습니다. 만일 당신의 머리가 "글쎄, 나는 나의 목이 없이도 지낼 수 있어. 나는 그 나머지 부분은 필요 없어. 나는 손이나 발 따위는 없어도 지장이 없어"라고 말할 수 있습니까? 그럴 수 없습니다. 이와 마찬가지로 그리스도는 우리 없이는 지내실 수 없습니다. 왜냐하면 그리스도와 하나님의 일은 그리스도의 몸을 통해서만 수행되기 때문입니다. 그의 일은 우리와 떨어져서 결코 행해지지 않을 것이며, 우리 또한 그 분 없이는 살 수 없습니다.

에베소서 6장 12절은 *"우리의 씨름은 혈과 육을 상대하는 것이 아니요 통치자들과 권세들과…"* 라고 말하고 있습니다. 만일 당신이 이 구절을 그 위치에서 떼어 내어 우리가 마귀와 대항하여 싸우는 것이 얼마나 괴로운 일이며 마귀의 힘이 얼마나 센지 만을 묘사한다면, 당신은 바울이 말하고자 하는 전체 요점을 놓친 것입니다. 바울이 에베소에 있는 교회에 이 편지를 썼을 때는 그가 장과 절을 나누어 가며 쓰지 않았다는 것을 기억하십시오. 학자들이 훨씬 뒤에 우리가 참고하는데 도움이 되도록 나눈 것입니다.

당신은 가끔 한 장에서 한 절만 끄집어 내거나, 그 상황에서 떼어 내어 취급하여 원래 그 구절이 의미하지 않는 바를 말하도록 함으로써 큰 해를 끼칠 수가 있습니다.

성령은 바울을 통하여 제 2장에서 우리가 다루어야 할 이 모든 권능들 위에 우리가 앉아 있다는 것을 이미 이야기하였습니다. 그리스도께서는 이 모든 권능들 위에 아버지의 우편에 앉아 계실 뿐 아니라,

하나님께서 그리스도와 함께 우리도 같이 앉히셨으므로 우리도 그 곳에 있습니다.

그러므로 우리의 원수와 그의 군대와의 전투에 있어서 우리는 저들보다 위에 있으며 그들을 능가하는 권세를 가지고 있다는 것을 명심할 필요가 있습니다. 성경 말씀은 예수께서 저들을 이겼으므로 우리도 저들을 이겨야 한다고 말하고 있습니다. 그의 승리도 우리에게 속한 것입니다. 그러나 우리는 이를 수행해 나가야만 합니다.

예수께서 다루기를 거절하셨던 귀신

1952년, 주 예수 그리스도께서 환상 가운데 제게 나타나셔서 약 한 시간 반 가량 마귀와 귀신과 귀신들림에 관하여 말씀해 주셨습니다. 그 환상의 끝 부분에 가서 작은 원숭이나 난장이같이 보이는 한 악한 영이 예수님과 나 사이를 뛰어다니면서 연기막이나 어두운 구름 같은 것을 피우고 있었습니다. 그리고 나서 이 귀신은 날카로운 목소리로 "야케티 약, 야케티 약, 야케티 약"하면서 위 아래로 날뛰기 시작했습니다.

나는 예수님을 더 이상 볼 수도 없고 그의 말씀하시는 것도 들을 수 없었습니다(이 전 과정의 체험을 통해서 예수님께서는 내게 무엇인가를 가르쳐 주셨습니다. 만일 당신이 주의 깊게 본다면 당신을 괴롭혀 왔던 많은 것들에 대한 해답을 발견하게 될 것입니다).

나는 예수님이 왜 그 귀신이 그토록 소란을 피우도록 내버려두셨는지 이해할 수가 없었습니다. 예수님께서 말씀하고 있는 것을 내가 직접 들을 수 있도록 그 귀신을 꾸짖으시지 않는 것이 의아했습니다. 나는 몇 분간 잠자코 기다렸으나 예수님은 그 귀신에 대항하여 아무 행동도 취하지 않으셨습니다. 예수님은 계속 말씀하고 계셨으나 나는 그가 말씀하고 있는 바를 한 마디도 이해할 수 없었습니다. 나는 그 말씀을 꼭 들어야만 했습니다. 왜냐하면 그는 마귀, 귀신들에 대해 어떻게 권세를 사용하는지에 관하여 내게 가르쳐 주시고 계셨기 때문입니다.

나는 혼자 *'주님은 내가 듣지 못하고 있다는 사실을 모르시는 것은 아닐까'* 라고 생각했습니다. *나는 그 말씀을 들을 필요가 있는데 그걸 다 놓치다니…*, 나는 거의 하얗게 질렸습니다.

나는 매우 절실하게 큰 소리로 외쳤습니다. "이 더러운 영아, 내가 예수의 이름으로 네게 명하노니 멈출지어다!" 내가 그 말을 하는 순간, 그 작은 귀신은 마치 소금자루처럼 바닥에 꼬꾸라졌고 검은 구름은 사라졌습니다. 나를 쳐다보지도 못했습니다. "입을 닥칠 뿐만 아니라, 예수 이름으로 여기서 나가라!"고 명령하자 그는 도망가 버렸습니다.

주님은 내 마음속에 무엇이 있는지 정확히 아셨습니다. *'왜 그 귀신에 대해 아무 조치를 취하지 않으셨을까? 왜 그런 일을 허용하셨을까?'* 라고 내가 생각하고 있는데 예수님은 나를 보시며 "만일 네가 그것에 대해 무엇인가 행동을 취하지 않았더라면 나도 할 수 없었다"라고 말씀하셨습니다.

이 말씀은 내게 정말 큰 충격이었고 나를 매우 놀라게 하였습니다.

"주님, 내가 주님 말씀을 잘못 들은 것이 분명합니다. '주님께서는 하지 않았다'라고 말씀하셨지요?"하고 내가 물었습니다. "아니다. 만일 네가 그것에 대해 무엇인가 행동을 취하지 않았더라면 나도 할 수 없었다"라고 주님은 같은 대답을 하셨습니다.

주님은 이 부분에 대하여 강조하며 "아니다. 내가 하지 않은 것이 아니라, 할 수 없었다"라고 말씀하셨습니다.

"그런데 사랑하는 주님, 저는 그것을 받아들일 수 없습니다. 저는 결코 내 평생에 이런 말을 들은 적도 없고 설교를 한 적도 없습니다" 내가 말했습니다.

내가 아무리 많은 환상들을 통해 주님을 보았다고 해도 주님께서 이것을 최소한 신약성경의 세 개의 성경 구절을 통해서 내게 증거해 주셔야만 한다고 주님께 말씀드렸습니다(왜냐하면 우리는 구약 아래 사는 것이 아니라, 새 언약 아래 살고 있기 때문입니다). 예수님께서는 흐뭇하게 웃으시면서 내게 네 개의 성경 구절을 주시겠다고 하셨습니다.

나는 "제가 신약성경을 150번 읽었고 많은 부분은 그보다도 더 읽었는데 그런 것이 거기 있는 줄을 내가 모르다니요!"라고 말했습니다.

마귀를 다루기

예수님은 "아들아, 성경에는 네가 아직 모르는 것이 많이 있다"라고 말씀하셨습니다.

주님은 계속해서 "신약성경에는 교회가 하나님 아버지나 예수님께 마귀에 대적하여 무엇을 해달라고 구하라는 말이 한 번도 언급된 적이 없다. 사실 그런 기도는 시간 낭비일 뿐이다. 믿는 자가 마귀에 대하여 무엇인가를 행하라고 말하고 있다. 그 이유는 너희가 그렇게 할 권세를 가지고 있기 때문이다. 교회는 마귀에 대하여 하나님 아버지께 기도하게 되어 있는 것이 아니라, 교회는 자기에게 속한 권세를 행사하게 되어 있다"라고 말씀하셨습니다.

"신약성경은 믿는 자들 스스로가 마귀에 대하여 무엇인가 행하라고 말하고 있다. 그리스도의 몸의 가장 작은 지체도 다른 누구와 마찬가지로 마귀에 대한 권능을 가지고 있다. 믿는 자가 마귀에 대하여 무엇인가 행하지 않고는 많은 분야에 있어서 아무 것도 이뤄지지 않을 것이다."

우리는 어떤 사람들에게만 권능이 있다고 믿습니다. 그러나 그렇지 않습니다. "그리스도의 몸의 가장 작은 지체도 다른 누구와 마찬가지로 마귀에 대한 권능을 가지고 있다"고 예수님은 말씀하셨습니다. 그리고 우리가 이 사실을 믿기 시작할 바로 그 때가 우리가 우리의 일을 시작하게 되는 때입니다.

"나는 천사가 하늘로부터 내려 와서 사슬을 가지고 그를 결박한 후 무저갱에 던져 넣을 때까지(계 20:1-3) 마귀에 대하여 내가 할 일은 모두 다 했다"라고 예수님은 계속해서 말씀하셨습니다.

이 말씀은 내게 큰 충격을 주었습니다. "이제 내가 이 사실을 증명하는 네 개의 성경 구절을 주겠다. 무엇보다도 먼저 내가 죽음에서 살아났을 때 "하늘과 땅의 모든 권세를 내게 주셨으니"(마 28:18)라고 말했다. 여기서 권세는 능력을 의미하기도 한다. 그러나 나는 즉시 땅 위에서의 나의 권세를 교회에 위임하였단다. 그러므로 나는 이제 교회의 머리로서 오직 교회를 통해서만 일할 수 있게 되었다"라고 말씀하셨습니다(당신의 머리는 당신의 몸을 통하지 않고는 아무 권세도 행사할 수 없습니다).

두 번째로 예수님께서 제게 주신 성경 구절은 마가복음 16장 15-18절이었습니다.

주님은 말씀하시기를 "어떤 믿는 자든지 – 어떤 목사나 어떤 부흥사가 아니라, 그를 따르는 – 첫째로 언급된 표적은 그들이 귀신들을 쫓아낸다는 것이다. 즉 그들은 내 이름으로 마귀에 대하여 권세를 행사하게 된다는 뜻이다. 왜냐하면 나는 마귀에 대한 나의 권세를 교회에게 위임하였기 때문이다"라고 하셨습니다.

골로새서 1장 13절에 말한 것을 기억하십시오. "그가 우리를 흑암의 권세에서 건져내사 그의 사랑의 아들의 나라로 옮기셨으니"(다른 번역본에는 "흑암의 권능으로부터 건져내사"로 되어 있습니다). 여기서 권능은 권세를 의미하는 희랍어로 되어 있습니다. 이 구절은 "아버지께서 우리를 흑암의 권세로부터 건져내사 그의 사랑하는 아들의 나라로 옮기셨으니"라고 번역되어야 합니다.

하나님은 이미 우리를 흑암의 권세로부터 건져내셨습니다! 그러므로 우리는 흑암, 즉 사탄과 그의 나라에 대하여 말할 권리가 있고, 그들에게 무엇을 할 것인지 명할 권리가 있는 것입니다.

다른 것들에 대한 권세의 행사

마귀가 그들의 삶이나 그들의 가족이나 사랑하는 사람들의 삶 가운데 어디에 있든지 믿는 자들은 마귀에 대하여 권세를 가지고 있습니다. 이것을 깨달을 때 마귀의 권능을 부서 버릴 수 있습니다.

믿는 자들은 그런 권세를 가지고 있습니다. 믿는 자들은 마귀에 대해서 권세를 행사할 권리가 있으므로 적으로부터 자유할 수 있습니다. 그러나 이것은 믿는 자들이 거리에 나가서 아무나 만나는 대로 마귀를 쫓아내란 말이 아닙니다. 이 말은 그들(믿는 자들)이 우선적으로 그들 자신의 삶 속에서 역사하는 마귀에 대하여 권세를 행사하라는 뜻입니다.

당신은 나의 집안에 대해서는 권세가 없지만 당신 자신의 집안에 대해서는 권세를 가지고 있다는 사실을 깨달아야 합니다. 영적 권세란 자연적인 권세와 매우 비슷합니다.

예를 들면 당신은 내 돈에 대해서는 권세가 없습니다. 당신은 내가 당신에게 허락하지 않는 이상 나에게 내 돈을 가지고 무엇을 하라고 말할 권세가 없습니다. 당신은 나의 자녀들에게도 권세가 없습니다.

당신은 어떤 사람의 삶에 있어서 마귀의 역사를 어느 정도 억제할 수 있지만 항상 마귀를 쫓아낼 수는 없습니다. 왜냐하면 당신은 그 집안에 대하여는 권세를 가지고 있지 않기 때문입니다.

오직 중보기도를 통해서만 다른 사람의 가족 가운데 영적 권세를 행사할 수 있습니다.

예수님께서 다음으로 주신 말씀은 야고보서 4장 7절이었습니다. *"마귀를 대적하라 그리하면 너희를 피하리라"*(이 문장의 암시된 주어는 '당신' 입니다). 믿는 자는 마귀에 대하여 권세를 가지고 있어야만 합니다. 그렇지 않으면 성경은 믿는 자에게 마귀에 대하여 무엇을 행하라고 말하지 않았을 것입니다.

성경은 마귀가 예수님으로부터 도망간다고 말하지 않고 마귀가 당신으로부터 도망갈 것이라고 말하고 있습니다. 마찬가지로 당신은 예수님께서 병자에게 손을 얹어줄 것을 기도하는 것이 아니라, 당신의 손을 얹어야 합니다.

여기서도 역시 주의할 것은 손은 머리에 있는 지체가 아니라 몸에 있다는 것입니다.

"그들이 손을 얹은 즉 나으리라" 당신이 아픈 사람에게 손을 얹을 때 당신은 마귀에게 권세를 행사하는 것입니다. 그 권세는 당신이 그 권세를 가지고 있다고 느끼든지 못 느끼든지 당신의 것입니다. 그 권세는 당신의 기분과는 아무 관계도 없습니다. 그러나 당신이 그것을 행사해야만 합니다.

예수님께서 야고보서의 말씀을 내게 주시고 그 환상이 사라진 후에 나는 "피하다Flee, 도망하다"란 단어의 의미가 깊이 와 닿았습니다. 그래서 나는 사전을 찾아보았는데, 이 단어의 뜻 가운데 하나는 "공포에 질린 것처럼 무엇으로부터 도망치다to run from as if in terror"였습니다.

그 때서야 나는 내가 본 환상 가운데 마귀가 왜 흐느껴 울며 소리지

르기 시작했는지 알게 되었습니다. 마귀는 겁에 질려 있었던 것입니다. 그 후로 나는 다른 귀신들이 내가 그들에게 하나님이 주신 권세를 행사할 때에 두려움 가운데 온 몸을 벌벌 떠는 것을 보았습니다. 그들은 나를 겁내는 것이 아니라, 나를 대표하고 있는 예수님을 겁내는 것이었습니다.

환상 가운데 예수님은 마귀에 관해 우리가 무엇을 행해야 하는지 또 다른 성경 구절을 내게 주셨습니다. 이 세 번째 구절은 베드로전서에 있습니다. 베드로는 *"근신하라 깨어라 너희 대적 마귀가 우는 사자 같이 두루 다니며 삼킬 자를 찾나니"*(벧전 5:8)라고 썼습니다.

당신의 대적이란 당신의 반대자를 의미합니다. 많은 사람들이 이 구절을 읽고 있습니다. 그들은 말하기를 "마귀가 나를 쫓아온다"라고 합니다. 그들은 마귀가 그들을 따라 잡지 못하게 해달라고 기도를 요청합니다. 그러나 그들이 이런 식으로 말하는 것을 보면 그들은 이미 마귀에게 잡힌 것이 분명합니다. 그렇다면 벌써 기도하기엔 너무 늦어버렸지 않습니까? 그러면 마귀에 대하여 어떻게 해야 할까요? 뒤로 벌렁 누워 죽은 척하면 되겠습니까? 모래 속에 우리의 몸을 숨기고 마귀가 사라지기만을 기대해야 할까요? 그렇지 않습니다. 계속 읽어가며 성경이 말하고 있는 바를 주목해 봅시다.

다음 구절은 "너희는 믿음을 굳건하게 하여 저를 대적하라 이는 세상에 있는 너희 형제들도 동일한 고난(시험과 시련)을 당하는 줄을 앎이라"고 말하고 있습니다. 미국 표준 번역에는 "믿음" 대신에 "너희 믿음"이라고 했는데 나는 이 번역을 더 좋아합니다.

예수님은 이 환상 가운데, "베드로는 그리스도인들에게 편지를 써서, '자, 하나님께서는 우리의 형제 바울을 사용하셔서 귀신들을 쫓아낸다고 말씀하셨습니다. 바울은 손수건이나 헝겊 조각을 던집니다. 그러니 여러분들이 바울에게 편지를 써서 손수건 한 장씩을 구하십시오' 라고 하지 않았다"고 내게 말씀하셨습니다.

물론 그렇게 하지 않았습니다. 그렇게 한 것이 아니라, 베드로는 그들에게 마귀에 대하여 무엇인가 행하라고 말했습니다. 왜 그렇습니까? 그들은 마귀에 대한 권세를 이미 가지고 있기 때문입니다. 하나님의 성령께서 사도 바울을 통하여 당신이 할 수 없는 무엇을 당신에게 하라고 말하지는 않으셨을 것입니다. 당신이 할 수 있는 이유는 믿는 사람은 누구나 바울이 예수 그리스도 안에서 소유했던 똑같은 권세를 가지고 있기 때문입니다. 베드로도 오직 바울만이 귀신들을 쫓아내거나 바울이 우리를 위하여 마귀를 대적해 줄 것이라고 말하지 않았습니다(왜 당신 스스로 할 수 있는 일을 바울에게 해달라고 하겠습니까?).

어린 그리스도인들을 위해 서기

사람들은 언제나 왜 자기들은 병 고침을 받지 못하느냐고 묻습니다. 어떤 사람들은 자기들의 치료를 위해 기도해 주었던 설교자에게 무엇인가 잘못이 있다고 생각합니다.

나는 그들이 처음 구원을 받았을 때는 어린 그리스도인이었으므로 하나님은 다른 사람들이 그들을 위해 기도해주고 다른 사람들의 믿음에 업히는 것을 허락하셨다고 설명합니다. 그러나 세월이 지나면 하나님은 그 어린 아이가 자라고 걷고 무엇인가 스스로 행하기를 기대하십니다.

하나님은 그 어린 아이를 내려 놓으시고 걸으라고 하시지만 많은 어린 아이들은 걷지를 않습니다. 어린 아이로 남아 있기를 바라며 언제나 다른 누군가가 그들을 위해 기도해 주기를 바랍니다.

우리는 스스로 무엇을 할 수 없는 사람을 돕기 원합니다. 그러나 우리는 사람들을 가르치고 그들이 자라서 자신들의 권세를 사용하도록 해야 합니다. 왜냐하면 그들의 기도가 응답 받기 위해서는 그들 스스로의 권세를 사용해야만 할 때가 반드시 올 것이기 때문입니다.

언젠가 한번은 아내와 내가 집회에 참석하는 동안에 어떤 부부의 집에 머무르게 되었습니다. 부인은 결혼 전에 우리 교회에 다닌 적이 있었습니다. 그들은 낳은 지 몇 개월 밖에 안 되어 탈장이 된 어린 남자 아이를 위해 기도해 달라고 부탁했습니다.

의사들은 그 아이를 수술하기를 원했습니다. 우리는 탈장이 마르고 진멸되도록 명령하였습니다. 며칠 안 되어 탈장은 완전히 사라져 버렸고 그 아기는 수술 받을 필요가 없어졌습니다. 그 아기의 어머니가 이렇게 말했습니다. "해긴 형제님, 제가 비판적이라서 그런 것이 아니라, 우리 교회에는 젊은 사람들만이 치유에 대한 믿음을 가지고 있는 것 같습니다. 여기서는 아무도 치유를 받아 본 적이 없기 때문에 형제가 오기 전에는 우리 아기를 위해서 누구의 기도를 받아야 할지 몰랐습니다."

우리는 나이가 들수록 믿음도 점점 더 강건해져야 합니다만 그렇지 못할 때가 종종 있습니다. 그녀의 교회에는 다른 많은 교회에서처럼 대부분의 사람들이 젊어서 구원받았고, 하나님은 성도들이 그들을 위해서 기도해 주는 것을 허락하셨습니다. 그러나 올바른 가르침이 부족하므로 그리스도인의 성장 발전에 있어서 어린이 단계에 계속 머무르게 되었습니다.

그들은 말하기를 "우리가 처음 그리스도인이 되었을 때는 병고침을 받곤 했었는데 지금은 안 된다"고 합니다. 이는 마치 당신이 언제나 남의 옷만 입고 살고 자기 자신의 옷은 가져보지 못했다고 하는 것과 같이, 당신이 당신의 믿음으로 권세를 행사해 보지 못하고, 자신이 스스로 기도하지 못하면서 언제나 남의 기도에만 의존하는 것과 같습니다.

자기 자신의 믿음으로 시도해 보지 못하고 다른 사람의 믿음에만 의존하려는 사람들에게 무슨 일이 일어나는지 아십니까? 우리가 방금 읽었듯이 "…너희 대적 마귀가 두루 다니며 삼킬 자를 찾나니…"라고 했습니다. 그러나 믿는 자는 마귀에 대하여 무엇인가 행할 수 있습니다.

예수님과 야고보, 베드로는 마귀에 대하여 우리가 무엇인가를 행하라고 말씀하고 있습니다. 바울은 에베소서 4장 27절에서 *"마귀에게 틈을 주지 말라"*고 말하고 있습니다. 이것이 예수님께서 네 번째로 내게 주신 성경 구절입니다.

주님은 이렇게 설명하셨습니다. "이것은 네가 네 안에 마귀에게 장소를 내어주지 말아야 한다는 것을 의미한다. 마귀는 네가 그에게 허락하지 않는 한 어떤 자리도 차지할 수 없다. 그러므로 네가 마귀에 대하여 권세를 가지고 있음이 틀림없는 것이다."

땅 위의 권세

"여기 네 개의 증거들이 있다. 내가 첫째요, 둘째는 야고보, 셋째는 베드로, 바울이 네 번째다. 이 증거는 믿는 자가 땅 위에서 권세를 가지고 있다는 사실을 확증하는 것이다. 왜냐하면 내가 땅 위에 있는 너희들에게 마귀를 능가하는 나의 권세를 위임하였기 때문이다. 네가 마귀에 대하여 아무것도 행하지 않으면 아무 일도 일어나지 않을 것이다. 이것이 바로 아무 일도 일어나지 않는 이유이다"라고 주님은 설명을 추가하셨습니다.

이제 당신은 왜 일이 그렇게 되어가고 있는지 이해할 수 있을 것입니다. 우리가 그런 일들이 일어나도록 허락했기 때문이지요. 우리의 권세를 알지 못하고서는, 우리가 할 수 있는 바를 알지 못하고서는, 우리는 아무 것도 하지 못합니다. 실제로 우리는 마귀가 무슨 일이든지 그가 원하는 것을 계속할 수 있도록 우리 스스로 허락한 것입니다.

우리는 이 사실을 깨닫고 잠에서 깨어나야 합니다. 우리는 당연히 우리의 기도 방법을 바꾸어야 하고 마귀를 꾸짖어야 합니다. 나는 그렇게 하였습니다. 바꾸어서 손해볼 것은 없습니다. 바꾸는 것이 당신에게 유익합니다. 우리는 이를 행할 권세가 있습니다. 우리는 통치자들과 권세들보다 훨씬 높이 아버지의 우편에 앉아 있습니다. 그러므로 우리는 이 권세를 행해야 합니다.

에베소서 1:22-23은 "또 만물을 그의 발 아래에 복종하게 하시고 그를 만물 위에 교회의 머리로 삼으셨느니라"(발은 몸의 지체이지 머리의 지체가 아닙니다). "교회는 그의 몸이니 만물 안에서 만물을 충만하게 하시는 이의 충만함이니라"고 말씀하고 있습니다.

존 에이 맥밀란이 지적했듯이 그리스도의 몸의 지체 – 발바닥이나 발톱, 새끼발가락이 된 자들 – 는 우리가 지금까지 생각하던 강한 세력들보다 훨씬 더 높이 있다는 사실은 얼마나 놀라운 일입니까?

누가복음 10장 19절에서 예수께서 다른 칠십인의 제자들을 내어보내시면서 "내가 너희에게 뱀과 전갈을 밟으며 원수의 모든 능력을 제어할 권세를 주었으니 너희를 해칠 자가 결코 없으리라"고 하신 것을 기억하십시오.

그리스도인들이 말하는 것이나, 어떤 설교자들이 설교하는 것을 들어보면 마귀는 어느 누구보다도 크고 이 세상의 신이므로 이 세상 체계를 움직이고 있습니다. 그러나 우리 또한 세상에 속한 것이 아니라, 이 세상 안에 존재하고 있다고 성경은 말하고 있습니다. 그러므로 마귀는 우리를 움직이는 것이 아닙니다. 마귀는 그동안 너무 오래 우리를 짓밟고 다녔습니다.

이것은 농담이 아닙니다. 우리는 이런 것들에 대하여 가벼운 농담을 할 만큼 어리석었습니다. 어떤 큰 모임에서 나는 한 목사님께서

"글쎄 해긴 형제! 마귀가 달리고 있다네. 그런데 문제는 바로 나도 달리고 있고 마귀가 내 뒤를 쫓아오고 있다는 것일세"라고 제게 말하는 것을 들은 적이 있습니다.

무엇보다도 당신은 마귀로부터 쫓김을 당할 아무런 이유가 없습니다. 성경은 마귀가 당신으로부터 도망갈 것이라고 말하고 있습니다. 당신은 마귀를 도망가도록 할 필요가 있는 것입니다. 불행히도 너무나 오랫동안, 사실 대부분의 세월을 설교자나 교회의 모습이 이러했다고 생각합니다. 우리는 어느 곳에서나 이런 상황을 볼 수 있습니다.

왕으로서 통치하기

자, 로마서 5장 17절을 다시 한 번 봅시다. "한 사람의 범죄로 말미암아 사망이 그 한 사람을 통하여 왕 노릇하였은즉 더욱 은혜와 의의 선물을 넘치게 받는 자들은 한 분 예수 그리스도를 통하여 생명 안에서 왕 노릇하리로다" 확대번역본 성경The Amplified Bible에 의하면 우리가 "예수 그리스도, 메시야, 기름부음을 받은 자인 그 분을 통하여 삶 가운데 왕들로 통치할 것이다"라고 번역되어 있습니다.

우리에 대한 하나님의 계획은 우리가 삶에 있어서 왕들로서 다스리며 지배하는 것, 즉 환경, 가난, 질병 등 우리를 방해하는 모든 것을 다스리고 지배하는 것입니다. 우리는 권세가 있으므로 다스립니다.

우리는 예수 그리스도로 인하여 다스립니다. 내세에 말입니까? 아닙니다. 바로 지금 이 세상입니다.

우리가 무엇을 노래하거나 말하려면 그 의미가 하나님의 말씀과 부합되는가 확인합시다. 어떤 사람들은 노래하기를 "여기 나는 더위와 추위 속을 거지처럼 정처 없이 떠도네"라고 하거나 "존귀하신 예수님, 나를 잊지 마세요"라고 하며 모든 종류의 불신앙을 노래합니다.

우리는 거지가 아니므로 거지처럼 방황하고 있지도 않습니다. 우리는 하나님의 자녀요, 하나님의 상속자요, 예수 그리스도와 함께 한 공동 상속자입니다(롬 8:17). 우리가 바로 그리스도의 몸입니다. 우리는 모든 통치자들과 권세와 악령들 위에 훨씬 높으신 권세 있는 자의 우편에 그리스도와 함께 앉혀졌습니다. 하나님께 영광을 돌립시다!

이 성경 말씀은 거지가 하는 소리나 "존귀하신 예수님, 나를 잊지 마세요"나 "내가 그것을 겨우 할 수만 있다면"이나 "어느 그늘 아래서 당신은 예수를 발견할 것입니다" 혹은 "주여, 영광의 땅 한 구석에 나를 위해 작은 오두막집 하나 지어 주소서" 등과는 어울리지 않습니다.

나는 이 따위 노래를 들으니 차라리 당나귀가 우는 소리를 듣겠습니다. 그러나 우리는 이런 노래가 진리인 듯 너무나 오래 불러왔습니다. 사람들은 "거지처럼 정처없이 떠돌며"를 부를 때 눈물이라도 조금 흘리면 그들은 은혜 받았다고 생각하였습니다.

너무도 자주 우리 그리스도인들은 어린 새들처럼 눈은 꼭 감고 입만 벌리고 행동합니다. 누구든지 다가와서 무엇이든지 입에 넣어주면 그것을 잘 받아 먹을 준비만 하고 있습니다. 나는 내 입을 열고 눈을 감고 있지 않겠습니다. 이제부터는 눈을 크게 뜨고 입을 꼭 다물겠습니다.

겸손 대 가난

예를 들면, 많은 그리스도인들은 가난과 겸손을 동일시합니다. 어떤 목사님이 언젠가 제게 다른 목사님께서 매우 낡은 중고차를 운전하고 계신다면서 그가 얼마나 겸손한 사람이냐고 제게 말했습니다. 저는 대답하기를 "그것은 겸손이 아니라 무식한 것입니다"라고 말했습니다. 낡은 차를 타고 다니는 것이 그 목사님의 겸손에 대한 생각이었습니다.

또 다른 사람은 말하기를 "당신도 알다시피, 예수님과 그의 제자들은 한 번도 캐딜락을 타본 적이 없다"고 합니다. 그 때는 캐딜락이 있지도 않았습니다. 예수님은 나귀를 타셨습니다. 나귀는 그 당시에 캐딜락이나 다름 없었습니다. 당시 그들이 가졌던 최고의 운행 수단이었던 것입니다.

믿는 사람들은 마귀에게 속아서 그들이 누릴 수 있는 축복을 마귀가 빼앗아 가도록 내버려두었습니다. 하나님은 우리가 가난에 찌들기를 원치 않으셨습니다. 그는 말씀하시기를 우리의 인생을 왕들로서 다스리라고 말했습니다. 누가 가난에 찌든 왕을 상상이나 할 수 있습니까? 가난이란 단어는 왕이라는 말과 도무지 어울리지 않습니다.

당신의 가족을 위해 권세를 행사하기

하나님은 마귀가 우리 가족들을 지배하기를 원하지 않으셨습니다. 우리 자녀들이 어렸을 때에 마귀는 그들에게 병을 주려고 힘썼습니다. 나는 마귀에게 화가 나서 말하기를 내 자녀들에게서 손을 떼라고 말했습니다.

나는 마귀에게 말하기를 "나는 나의 영역을 다스리고 있다. 네가 이 집안을 다스리고 있는 게 아니다. 내가 예수 그리스도를 통하여 다스린다"라고 했습니다. 나는 마귀를 쫓아내었고 그는 달아났습니다. 당신도 마귀를 달아나게 할 수 있습니다.

수년 전 미국 북부 지방에서 내가 설교를 하고 있었습니다. 그 날 밤 나는 잠에서 깨었습니다. 나는 내 영으로 누군가가 육체적 위험에 처해 있다는 것을 알게 되었고 방언으로 기도하기 시작했습니다(이 때가 바로 중보기도할 때입니다).

나는 주님께 무엇이 잘못되었는지 여쭈어 보았고, 주님은 나의 형님과 관계 있다고 알려 주셨습니다. 나는 그의 목숨이 위태롭다는 것을 알았습니다. 나는 조용히 약 한 시간 반 가량 방언 기도를 계속하였습니다(나의 기도는 내 옆에서 자고 있는 아내의 잠을 깨우지 않았습니다). 마침내 나는 승리의 낌새를 느끼게 되었습니다. 나는 방언으로 매우 조용히 찬양을 드린 후에 잠들었습니다.

이틀 후에 나의 여동생이 텍사스에서 내게 전화를 했습니다. 그녀는 매우 흥분되어 울고 있었습니다. "터브가 사고를 당해 그의 척추를 다쳤어요"라고 외쳤습니다. "눈 뜨고 볼 수 없는 모습이고 캔사스에 있어요. 의사들은 그가 살아날지 죽을지 모른데요"라고 말했습니다.

"잠깐만, 진정해라. 그는 그들이 생각하는 것같이 그렇게 심한 상태는 아니다. 만일 그렇다 하더라도 하나님께서 이미 그를 치료하셨단다. 나는 이틀 전에 그에 대해 기도했고 벌써 응답을 받았단다." "응답 받았다니요?" "그래, 응답을 받았다니까. 그에 대해 조금도 걱정하지 말아라. 그는 곧 나을거야."

이틀 후에 그녀는 다시 내게 전화를 했습니다. 그녀가 터브의 상태를 문의해 보았을 때 그는 등에 기브스를 하고 병원을 걸어서 나갔다는 것이었습니다. 그는 의사들이 예견한 대로 죽지도 않았으며 전신 마비가 되지도 않았습니다.

그는 텍사스 가란드에 있는 우리 집에 매우 좌절하고 풀이 죽어서 찾아왔습니다. 왜냐하면 그의 아내가 그가 없는 사이에 아이들을 데리고 집을 나가 버렸기 때문입니다.

그 주일 아침에 나는 나의 본 교회에서 설교를 하고 있었습니다. 그를 교회에 데려가려고 했으나 그는 거절하였습니다. 그는 겨우 구원 받은 상태에 있는 어린 아이 그리스도인이었던 것입니다.

설교를 하는 도중에 나는 갑자기 환상을 보게 되었습니다. 나는 눈을 크게 뜨고서 바로 내 앞에서 형이 어떤 공원에 있는 것을 보았습니다. 나는 그가 스스로 혼자 말하는 것을 들을 수 있었는데 그는 이렇게 말했습니다. "그래, 나는 내가 하려고 하는 일을 알아. 나는 그 여자를 죽이고 나도 자살해 버릴거야."

나는 죽은 듯이 조용히 서서 "잠깐만 기다려 주십시오. 내가 여기 처리해야 할 작은 일이 생겼습니다. 그러고 나서 제 설교를 계속하겠습니다"라고 말했습니다.

나는 그를 괴롭히고 있는 마귀에게 말했습니다. "마귀야! 당장 그 일을 그만두지 못해! 내가 예수 그리스도의 이름으로 엄히 명하노니 그에게서 즉시 떠날지어다!" (회중은 내가 누구에게 이야기하고 있는지 알지 못했고 오직 마귀만이 알 뿐이었습니다.)

이것이 내가 말한 모든 것이었습니다. 그러고 나서 나는 설교를 계속했습니다. 우리가 집에 돌아 왔을 때 형은 집에 와 있었고 영적으로 좋은 상태에 있었습니다. 그는 공원에 갔으며 그가 스스로 자기 손으로 문제를 해결하기로 결심했다고 말했습니다. 나는 그에게 "그래, 나도 알지"라고 말하고 내가 환상 가운데 본 것을 일러주었습니다. "무언가가 갑자기 내 위에 덮쳤고, 그러고 나서 마치 무엇인가 내 위에서 들어올려진 것 같았어. 마치 구름이 깨끗이 거둬진 것 같았고 나는 휘파람으로 노래를 하며 집으로 돌아 왔지"라고 그는 말했습니다.

터브는 아직 어린 아이 그리스도인에 지나지 않았기 때문에 주님을 어떻게 만날지 몰랐습니다.

가끔 주 안에서 성숙한 그리스도인들은 어린 아이 그리스도인들을 도와주어야 하며 우리가 그들을 도울 수 있는 것을 감사해야 합니다. 그들의 인생에 있어서 때가 되면 그들 스스로 자신의 문제를 해결해야 할 것입니다. 그 때가 되면 우리는 그들을 대신하여 무엇을 할 수 없게 됩니다.

승리의 기쁨을 누리기를 배우자

우리 그리스도인들은 우리가 그리스도와 함께 앉아 있다는 것을 배워야 합니다. 우리는 하나님께서 우리가 있기를 원하는 자리에서 승리의 기쁨을 누리는 것을 배워야 합니다.

교회는 이 권세의 사역에 관하여 너무나 자주 실패했습니다. 그 대가로 교회는 패배의 고개를 숙여 왔으며 두려움에 쌓여 있습니다.

에베소서 1장 22절에는 이렇게 말하고 있습니다. "또 만물을 그의 발 아래에 복종하게 하시고 그를 만물 위에 교회의 머리로 삼으셨느니라"

예수님은 질병의 고통과 모든 악한 것을 지배할 수 있는 머리가 되십니다. 이 사실은 그 분이 이 땅 위에서 사실 때 이미 모두 증명된 사실입니다. 위의 구절을 "모든 것들 위에 교회의 머리가 되신다"라고 말한다면 좀 더 뜻이 분명해지고 깊은 의미가 살아날 것입니다. 예수님은 교회를 위하여 모든 것의 머리가 되십니다.

우리는 이 영적 진리들을 묵상하므로 우리의 영이 이 진리들을 완전히 이해하게 되어야 합니다. 우리가 이렇게 하기만 하면 우리는 풍성한 수확을 거둘 수 있습니다.

우리가 이런 존경하는 태도를 가지게 되면 진리의 영이신 성령께서는 하나님의 계시의 참된 의미를 우리가 알 수 있는 위치로 우리를 높이실 수가 있습니다.

에베소서에서 바울은 에베소에 있는 교회도 이 지혜와 계시의 영을 가질 수 있기를 기도했습니다.

하나님은 교회를 위하여 그리스도를 모든 만물의 머리가 되게 하셨습니다. 주님이 머리가 되신 것은 우리를 위함이며, 그를 통해서 우리가 만물 위에 권세를 사용하기 위함입니다. 우리에게 무엇이 속해 있는지를 이해하게 될 때 우리는 그리스도께서 우리를 위하여 이루어 놓으신 승리의 결과를 즐길 수 있습니다.

마귀는 우리가 거기에 이르지 못하도록 싸울 것이지만 그리스도에 대한 굳건한 믿음을 통하여 승리는 우리의 것이 될 수 있습니다.

06
그리스도와 함께 살아나다

골로새서에서 바울은 골로새에 있는 교회에 편지를 쓰고 있습니다. 그는 약간 다른 단어를 사용하고 있지만 하나님의 구원 계획에 관하여 에베소의 성도들에게 썼던 것과 같은 것을 말하고 있습니다. 그는 골로새의 성도들에게 새로운 다른 메시지를 전하고 있지 않습니다.

그는 보이지 아니하는 하나님의 형상이시요 모든 피조물보다 먼저 나신 이시니 만물이 그에게서 창조되되 하늘과 땅에서 보이는 것들과 보이지 않는 것들과 혹은 왕권들이나 주권들이나 통치자들이나 권세들이나 만물이 다 그로 말미암고 그를 위하여 창조되었고 또한 그가 만물보다 먼저 계시고 만물이 그 안에 함께 섰느니라 그는 몸인

교회의 머리시라 그가 근본이시요 죽은 자들 가운데서 먼저 나신 이
시니 이는 친히 만물의 으뜸이 되려 하심이요 아버지께서는 모든 충
만으로 예수 안에 거하게 하시고 그의 십자가의 피로 화평을 이루사
만물 곧 땅에 있는 것들이나 하늘에 있는 것들이 그로 말미암아 자기
와 화목하게 되기를 기뻐하심이라 　　　　　　　　　골 1:15-20

제 2장에서 우리는 그리스도께서 하나님 아버지에 의해 살아나신 것을 보게 됩니다.

너희가 세례로 그리스도와 함께 장사되고 또 죽은 자들 가운데서 그
를 일으키신 하나님의 역사를 믿음으로 말미암아 그 안에서 함께 일
으키심을 받았느니라 또 범죄와 육체의 무할례로 죽었던 너희를 하
나님이 그와 함께 살리시고 우리의 모든 죄를 사하시고 우리를 거스
르고 불리하게 하는 법조문으로 쓴 증서를 지우시고 제하여 버리사
십자가에 못 박으시고 통치자들과 권세들을 무력화하여 드러내어 구
경거리로 삼으시고 십자가로 그들을 이기셨느니라 　　　골 2:12-15

12절 말씀은 우리가 그리스도와 함께 "하나님의 역사를 믿음으로 말미암아" 일으키심을 받았다고 말하고 있습니다. 여기서 이 일을 행하신 분이 아버지였다는 것에 주목하십시오. 13절 말씀은 하나님께서 그리스도를 살리심과 동시에 우리를 살리셨다는 사실을 말하고 있습니다.

의로우신 예수께서 죽음에 순복하셨을 때 우리에 대한 율법의 보석금은 지불되었습니다. 그리하여 아버지께서는 그분과 우리 사이에 서 있던 깨어진 율법과 계명들을 도말해 버리셨습니다. 그는 이제 무효화 된 보석금을 그의 아들의 십자가에 못 박아 버렸습니다.

바울은 골로새서에서 구원의 계획을 이루신 분은 하나님 아버지란 사실을 말하고 있습니다. 예수님을 죽음에서 일으키신 분은 하나님이셨습니다. 예수님께 다른 모든 이름 위에 뛰어난 이름을 주신 분은 하나님이셨습니다. 그리스도의 부활에 반대하던 마귀의 권세들과 악령들을 망하게 하신 분도 하나님이십니다.

죽음은 죄의 값입니다. 그러므로 그리스도께서 십자가 위에서 세상의 죄를 대속하셨을 때 사탄의 공중 권세는 그들의 권리를 행사하여 예수님을 그들의 능력 아래 두려고 하였습니다.

권세의 열쇠들

성경은 사탄이 죽음의 권세를 가지고 있다고 말하고 있습니다. 그러나 예수님은 그것을 정복하셨습니다. 요한계시록 1장 18절에서 예수님은 이렇게 말씀하십니다.

"곧 살아 있는 자라 내가 전에 죽었었노라 볼지어다 이제 세세토록 살아있어 사망과 음부의 열쇠를 가졌노니"(계 1:18).

예수 그리스도께서 마귀로부터 열쇠를 빼앗아 버리셨습니다. 하나님께 영광을 돌립시다! 열쇠는 인가된 사람들에게만 속한 것입니다. 그것은 권세에 대한 열쇠입니다.

우리는 육체적 죽음이 하나님으로부터 온 것이 아니란 사실을 기억해야만 합니다. 이것은 우리의 적으로부터 온 것입니다. 죽음은 아직도 우리의 원수입니다. 성경은 말하기를 죽음은 우리가 정복하고 밟아야 할 마지막 원수라고 하셨습니다. 감사하게도 그 날은 다가오고 있습니다. 당신은 아직 당신의 새로운 몸을 소유하지 못하고 있습니다. 당신은 현재의 육체를 가지고 이 땅에서 영원히 살 것이라고 믿는 사람들을 만나게 될 것이지만 아무도 그럴 수 없다는 것을 알아야 합니다. 어떤 친구가 이 문제를 가지고 나에게 논쟁할 때 나는 "바울도 그렇게 하지 못했는데 당신도 포기하는 게 나을 것입니다"라고 말해 주었습니다.

나는 누구든지 그의 현재의 몸인 육체로 영원히 살 것을 믿는 어리석은 사람들을 도무지 이해할 수가 없습니다(그렇지 않습니다). 이 몸은 반드시 변화 받아야만 합니다. 당신은 이 현재의 몸으로는 영원히 살 수 없습니다.

성경은 예수님께서 오실 때가 바로 우리가 변화 받을 때라고 말하고 있습니다. 눈 깜짝할 사이에 한순간 살았던 우리의 몸은 변화를 받아 죽지 않을 몸이 될 것입니다. 그 때까지 우리는 죽음에 대하여 오직 제한된 능력을 가질 수 밖에 없습니다.

그들의 것이었던 권세에 대한 마귀의 권능을 무장해제 시킨 후 그리스도께서 "통치자들과 권세들을 무력화하여 드러내어 구경거리로 삼으시고" 십자가로 그들을 이기셨습니다(골 2:15).

여기서 바울의 말씀은 우리가 앞에서 살펴본 대로 에베소서에서 바울이 다루었던 주제인 "그리스도께서 그의 원수들 위에 높이사 아버지의 오른편에까지 앉아 올리우셨다"는 사실을 언급하고 있습니다. 바울은 다시 한 번 사탄의 권세의 정복과 사탄을 무찌른 아버지의 일에 대하여 강조하고 있습니다.

에베소서에서 우리는 예수님이 이 모든 권능들 위에 앉아 계시며 하나님 보좌의 권세를 가지고 있다는 것을 보았습니다. 바로 이것이 교회가 전체적으로 실패하고 있는 부분입니다. 교회는 예수 그리스도가 교회의 머리시라는 것을 이해하고는 있지만, 그 머리는 그의 계획의 수행을 전적으로 몸에 의지한다는 것 – 즉 우리가 하늘에서 그리스도와 함께 앉아 있다는 것과 그리스도의 공중 권세들에 대한 권세의 행사는 그의 몸을 통해야만 한다는 것 – 을 이해하지 못했습니다.

이제 나는 여러분이 예수께서 "무엇이든지 너희가 땅에서 매면 하늘에서도 매일 것이요 무엇이든지 땅에서 풀면 하늘에서도 풀리리라"(마 18:18)라고 하신 말씀이 무엇을 의미하고 있는지 전에 이해했던 것과는 전혀 다르게 이해할 수 있게 되었으리라 생각합니다. 이것은 땅 위에서 예수님의 권세를 사용하는 것에 대해서 말하고 있는 것입니다.

우리 중 몇몇은 가끔 한 번씩 권세에 관하여 약간의 계시를 받기도 하고, 또 어떤 이들은 걸려 넘어지듯이 권세에 부딪혀 넘어졌다가는 그들이 행하고 있는 것이 무엇인지도 모르고 권세를 행사하기도 했습니다. 제가 이 방면으로 연구를 시작하게 된 것은 내가 스스로 "우리가 가지고 있으나 모르는 권세가 무엇일까?"라고 자문하게 되었기 때문입니다.

내가 이 주제를 연구하기 시작했을 때 나는 감사하게도 우리가 권세를 가졌다는 것을 발견하게 되었습니다. 나는 우리가 거절하거나 허락하는 것에 대하여 하늘이 뒤를 보장해 주고 있다는 것도 발견하였습니다. 우리에게 많은 것을 허락하였지만 우리는 우리의 권세를 사용하지 못했습니다.

이것이 바로 대부분의 상황이 그대로 존재하고 있는 이유입니다. 우리는 그 상황에 대하여 아무 조치도 취하지 않았습니다. 우리는 하나님께서 해주시기만 기다리고 있고, 하나님은 우리가 하기를 기다리고 계십니다. 하나님께서는 우리가 행동하기까지는 결코 아무것도 하시지 않을 것입니다.

사랑하는 사람들이 죽어가고 있을 때 나는 그들을 위해 기도한 적이 있습니다. 그 때 주님은 "나는 네가 내게 무엇을 말하든지 시행하겠다"라고 나에게 말씀하시는 것을 들었습니다. 한번은 주님께 그 사람이 2~3년만 더 살게 해달라고 요청하였습니다. 주님은 "네가 그렇게 요청하였으므로 그렇게 해주겠다"고 대답하셨습니다. 주님은 "내 자녀들이 내가 시행하도록 하기만 한다면 땅 위의 어떤 아버지보다도 나는 더 많은 것을 내 자녀를 위해 해주기를 원하고 있단다. 내가 원하는 것보다 더 많이 그의 자녀들을 위해서 해주기를 원하는 육신의 아버지는 없을 것이다"라고 말씀하셨습니다.

어떤 사람들은 하나님을 그의 보좌 위에 앉아 계시는 폭군쯤으로 생각하고 있습니다. 당신이 무엇인가 잘못을 범하는 순간 당신을 후려쳐서 파편처럼 날려 버리려고 준비하고 있다고 믿고 있습니다. 그러나 그것은 아버지의 참된 모습이 아닙니다.

그리스도의 승귀昇貴, exaltation의 의미와 우리가 아버지의 오른편에 그리스도와 함께 앉아 있다는 사실을 이해하지 못하였기 때문에 주님은 그의 계획을 방해받아 오고 계십니다. 여기에 우리가 해야 할 역할이 있습니다. 우리는 믿음으로 주님과 함께 협력해야 합니다.

예수님은 우리가 거듭날 때 우리 안에 거하시러 오시는 성령께서 우리를 모든 진리 가운데로 인도하시리라고 말씀하셨습니다. 어떤 설교자가 한번은 성경을 집어들어 바닥에 던지고는 "이제 성령님을 소유했으니 성경은 필요 없다"고 선언하였습니다. 하지만 성경은 언제나 필요한 것입니다. 왜냐하면 당신은 성경을 떠나서는 진리를 좇아 성령을 따를 수 없기 때문입니다(우리가 기록된 하나님의 말씀을 지나쳐 버리는 순간, 당신은 너무 멀리 나가버리는 것입니다). 말씀과 함께 머무르십시오.

하나님의 말씀은 하나님의 영으로 말미암았고 거룩한 사람들이 그것을 기록하였습니다. 하나님의 말씀만이 최고로 중요합니다. 그러나 당신은 먼저 당신의 머리로 성경을 이해할 것이 아니라, 당신의 가슴으로 이해해야만 합니다. 성령을 말씀 위에 두지 마십시오. 말씀을 첫 번째로 두고 성령을 두 번째로 두는 것이 안전합니다.

유명한 오순절 편집자이며 스미스 위글스워스 전기의 저자인 스탠리 프로드샴은 스미스 위글스워스가 무엇보다도 먼저 하나님의 말씀의 사람이었고, 두 번째로 성령으로 충만한 사람이었다는 사실을 분명히 하였습니다. 이런 사람이 정말 멋진 조화를 이룬 사람입니다.

07
우리의 전쟁 무기들

믿는 자는 영적 무장이 되어 있어야 합니다. 에베소서 6장 10절은 *"끝으로 너희가 주 안에서와 그 힘의 능력으로 강건하여지고"* 라고 말하고 있습니다.

이 무장을 하고 영적 전쟁에 참여하고 있는 그리스도인들은 표시가 납니다. 마귀는 당신이 마귀 위의 권세를 가지고 있다는 지식을 갖지 못하게 하려고 그가 할 수 있는 모든 일을 다 합니다. 그는 이 문제에 대해서 다른 어떤 문제들보다도 더 열심히 싸우려 할 것입니다.

당신이 권세를 알게 되고 나면 마귀는 당신을 반대하여 이 권세를 당신으로부터 빼앗아 가려고 할 것입니다. 반드시 시험들이 있습니다. 어떤 이들은 패배할 것입니다. 마귀는 당신이 손을 들고서 '믿는 자의 권세는 내게 역사하지 않는구나' 하고 생각하기를 원합니다.

내가 이 주제에 대해서 설교하고 있는 어떤 모임에서 한 남자가 내게 와서 믿는 자의 권세가 자기에게는 역사하지 않는다고 말했습니다.

나는 그에게 "만일 그렇다면 하나님은 거짓말쟁이입니다"라고 말했습니다(이 사람은 실제로 하나님을 거짓말쟁이로 부르고 있는 것입니다). 나는 하나님의 말씀이 역사하지 않는다고 말하기보다는 차라리 죽겠습니다.

만일 하나님의 말씀이 역사하지 않는다면 나에게 문제가 있기 때문입니다. 우리는 실패할지 몰라도 하나님의 말씀은 결코 실패하지 않습니다. 나는 하나님의 말씀이 진리인 것을 믿습니다.

마귀는 당신이 그의 영역을 간섭하지 못하도록 저항할 것입니다. 왜냐하면 그는 공중의 권세들에게 자신의 권세를 행사하고 있으며, 그는 계속 그렇게 하기를 원하고 있습니다. 당신이 영적 권세를 행사함으로 마귀의 나라를 간섭하게 될 때, 그는 자기의 모든 힘을 집중하여 강력하고 처절한 전쟁으로 당신을 대적할 것입니다.

만일 당신이 한 분야에 성공적으로 저항한다면 그는 당신의 다른 분야를 공격할 것입니다. 당신은 이런 공격을 예상하고 준비하는 것이 좋습니다. 왜냐하면 이런 공격이 있을 것이기 때문입니다. 다른 말로 하면, 당신의 특권 있는 영적 위치 때문에 당신은 마귀와 원수가 됩니다. 마귀는 믿는 자가 그리스도 예수 안에서 자신의 권세를 알게 되면 그를 지배할 수 없다는 것을 잘 압니다.

이런 믿는 자들은 그들이 그리스도와 함께 하늘에 앉아 있다는 것과 마귀는 우리 발아래 있는 패배한 원수라는 것을 잘 알고 있습니다. 그 뿐 아니라, 이런 믿는 자들은 어떤 마귀의 역사도 이 땅 위에서 하나님의 뜻을 수행하는 것을 방해할 수 없다는 것도 잘 알고 있습니다.

어떻게 지지 않고 건재할 수 있을까?

만일 신자들이 그들을 위하여 제공된 영적 무기들을 잘 이용했다면 적은 그들을 패배시킬 수 없습니다. 나는 마귀로부터 나온 어떤 것도 그리스도의 몸의 지체와 사람들을 무찌를 수 있다고 믿지 않습니다.

믿는 자는 늘 무장이 되어 있어야 합니다. 성령께서는 바울을 통하여 믿는 자들의 눈이 열려 그들의 안전을 위하여 준비된 이 온전한 하나님의 준비하심을 알게 되기를 기도하였습니다. 영적 무기는 에베소서 6장에 그 요점이 적혀 있습니다.

끝으로 너희가 주 안에서와 그 힘의 능력으로 강건하여지고 마귀의 간계를 능히 대적하기 위하여 하나님의 전신 갑주를 입으라 우리의 씨름은 혈과 육을 상대하는 것이 아니요 통치자들과 권세들과 이 어둠의 세상 주관자들과 하늘에 있는 악의 영들을 상대함이라 그러므로 하나님의 전신 갑주를 취하라 이는 악한 날에 너희가 능히 대적하고 모든 일을 행한 후에 서기 위함이라 그런즉 서서 진리로 너희 허리 띠를 띠고 의의 호심경을 붙이고 평안의 복음이 준비한 것으로 신을 신고 모든 것 위에 믿음의 방패를 가지고 이로써 능히 악한 자의 모든 불화살을 소멸하고 구원의 투구와 성령의 검 곧 하나님의 말씀을 가지라
엡 6:10-17

이 무장의 다른 각 부분들은 믿는 자가 유지해야만 하는 영적 태도를 상징적으로 말하고 있습니다. 이 전신갑주를 입음으로써 믿는 자는 보호받고 그의 권세있는 사역에 방해를 받지 않게 됩니다. 그가 오직 관심을 가져야 할 것은 그의 무장이 최고의 상태로 확실히 되어 있느냐 입니다.

자, 이제 이 무장에 대하여 좀 더 자세히 알아봅시다.

첫째는 존 맥밀란이 가르쳤던 것처럼, 진리의 허리띠가 있는데 이는 하나님의 말씀의 분명한 이해를 나타내는 것입니다. 군인의 허리띠처럼 허리띠는 나머지 모든 장비를 그 자리에 붙들어 두는 역할을 합니다.

둘째는 의의 호심경입니다. 여기에는 두 개의 적용이 필요합니다. 예수님은 우리의 의이시고 우리는 예수님을 먼저 입어야 합니다. 이것은 또한 하나님의 말씀에 대한 순종도 보여주고 있습니다.

셋째는 우리의 발은 평안의 복음의 예비한 것으로 신을 신어야 합니다. 이것은 하나님의 말씀을 성실히 선포하는 사역을 말합니다.

넷째는 믿음의 방패입니다. 방패는 몸 전체를 감싸는 것입니다. 이것은 적의 어떤 힘도 침투할 수 없는 그리스도의 보혈 아래 있는 완전한 안전을 나타내고 있습니다.

다섯째는 구원의 투구로서 이는 데살로니가전서 5장 8절의 구원의 소망을 지칭하고 있습니다. 구원의 소망은 진리를 떠나고 있는 요즘 시대에 우리의 머리를 보호할 수 있는 유일한 투구입니다.

여섯째는 성령의 검, 곧 하나님의 말씀입니다. 여기서는 하나님의 말씀은 공격적으로 사용되어져야 함을 나타내고 있습니다. 다른 무기는 주로 방어용이지만 검, 즉 하나님의 말씀은 적극적인 무기입니다.

하나님의 전신갑주를 입었으면 이제 당신은 원수의 모든 공격을 무찌를 준비가 되었습니다.

08
인간의 의지에 대한 권세가 아니라, 마귀의 영들에 대한 권세

비록 우리가 마귀의 영들에 대하여는 권세를 가지고 있을지라도 우리의 동류인 인간과 그들의 의지에 대하여서는 권세를 가지고 있지 않습니다.

우리는 우리가 인간의 의지에 대해서도 권세를 가지고 있다고 생각하므로 많은 잘못을 범하고 있습니다. 우리는 귀신들에 대하여 권세를 가지고 있으므로 우리의 삶이나 가족들의 삶에 관한 한 권세를 사용하여 귀신들을 통제할 수 있습니다.

그러나 다른 사람이 관계될 때에는 항상 귀신들을 통제할 수 있는 것이 아닙니다. 왜냐하면 인간의 개인 의지가 작용하기 때문입니다.

수년 전, 이 곳 오클라호마에서 집회를 열고 있을 때 나는 치유받기 위해 줄 서 있는 병자들을 위해 기도해 주고 있었습니다. 그 때에 나는 속으로 직감하기를 - 나는 내적 증거로 이를 알았습니다 - 누군가 이 줄에 서 있는 자 중에 귀신을 쫓아내야 할 사람이 있다는 것을 알았습니다. 이것은 귀신에 사로잡힌 것과는 전혀 다른 것입니다.

귀신에 사로잡힌 상태to be possessed는 영·혼·육이 완전히 귀신에게 지배를 받고 있는 것을 말합니다. 당신도 귀신에 사로잡혀 있지 않고서도 당신 몸에 귀신을 가지고to have a demon 있을 수 있습니다.

나는 주위를 계속 둘러보았습니다. 그 남자가 내가 서 있는 곳에서부터 네 번째가 되었을 때 나는 그 안에 귀신이 들어 있다는 것을 알았습니다. 나는 큰 소리로 말하지 않았습니다. 당신은 다음 사실을 알고 있어야 합니다. 마귀는 어떤 것을 알고 있기는 합니다만 모든 것을 아는 것, 즉 하나님처럼 전지하지는 않다는 것입니다. 귀신의 점치는 능력 때문에 당신은 마귀도 무엇인가를 알고 있다는 것을 알 수 있습니다.

어떤 점쟁이들은 일어날 일을 잘 맞추기도 합니다. 마귀는 당신의 어떤 생각까지 알기도 합니다. 왜냐하면 독심술하는 사람들도 당신의 마음을 읽고 당신이 생각하고 있는 것을 말하기 때문입니다. 그러나 그들이 이런 일들을 하나님의 능력으로 행하는 것은 아닙니다.

그 사람이 내 앞에 서기 전에 나는 혼자 그 귀신을 그에게서 쫓아내야겠다고 생각했습니다. 나는 아무런 말도 하지 않고 그렇게 생각만 했습니다. 그가 기도받을 차례가 되었고, 내가 말도 하기 전에 그가 먼저 말했습니다. 그 귀신이 그를 통하여 애통하며 째지는 콧소리로 "당신은 나를 쫓아낼 수 없어! 당신은 나를 쫓아낼 수 없어! 당신은 나를 쫓아낼 수 없어!"라고 말했습니다. 나는 "예수 이름으로 나는 할 수 있다"라고 말했고, 그는 "아니야, 당신은 할 수 없어! 이 사람이 내가 여기 있기를 원하고 있고, 그가 원하면 나는 여기 머물 수 있단 말이야"라고 말했습니다.

나는 "네 말이 맞다"라고 말하고 그를 지나쳐 버렸습니다.

종교적인 영들

며칠 후 길거리에서 그 사람을 만났을 때 나는 그를 불러 세워 놓고 대화를 해보았습니다. 그는 미친 상태가 아니었고 모든 정신적 능력을 가지고 있었습니다.

그와 말하는 동안 나는 그가 어떤 영을 가지고 있는지 알아냈습니다. 그것은 종교적인 영religious spirit이었습니다. 우리는 이런 영들이 있음을 알아야 합니다. 이 영들은 사람들을 매우 종교적인 것처럼 행하도록 만듭니다.

실제로 이 사람에게는 세 가지의 악령이 들어 있었습니다. 다른 두 가지는 속이고 거짓말하는 영들이었습니다. 그 사람은 성경과 동양 종교들을 혼합해서 믿고 있었습니다. 그는 다소 동양 종교 쪽으로 더 기울어져 있었습니다.

나는 이 사실을 그에게 이야기하고서 "그 믿음들은 성경적이 아닙니다. 그 믿음은 신약성경을 따르고 있지 않습니다"라고 말했습니다.

그는 "성경이건 아니건 나는 이대로가 좋습니다. 나는 이대로 살 것입니다"라고 대답했습니다. 나는 그에게 "당신이 그 귀신들을 내보내고 싶으면 언제든지 나를 찾아오십시오. 그러나 당신이 그 상태를 원하는 한 당신은 늘 그 상태로 살 것입니다"라고 말해 주었습니다. 그는 "글쎄요, 나는 이 상태를 원합니다"라고 말했습니다.

자유의지가 이긴다

사람들이 그 상태를 원하고 있을 때 당신은 그런 사람들을 그냥 내버려두고 그들을 떠나야 합니다. 만일 사람이 죄 가운데 살기를 원한다면 그들은 죄 가운데 살 수 있습니다. 만일 사람들이 자유를 원한다면 자유롭게 살 수 있습니다. 그러나 그들이 자유를 원하지 않는 한 예수님이나 그 누구도 그들을 자유하게 할 수 없습니다.

당신은 여기저기 다니면서 다른 사람들 안에 있는 마귀에 대하여 아무렇게나 권세를 행사할 수는 없습니다. 당신은 자신과 당신 가족의 삶에 대해서만 권세를 가지고 있습니다. 그러나 당신은 거리에서 만나는 사람들 속에 있는(비록 그들 안에 마귀를 가지고 있다 하더라도) 마귀를 쫓아낼 수 없습니다. 왜냐하면 그들은 그들 자신의 삶에 관하여 권세를 가지고 있기 때문입니다. 사람들이 도움을 원할 때는 별개의 문제가 됩니다. 가끔은 성령 충만한 사람들도 도움을 원치 않는 것은 이상한 일입니다.

1954년, 나는 처음으로 오레곤 주에서 설교를 하게 되었습니다. 나는 주일 저녁에 복음적인 내용으로 설교를 하게 되었습니다. 월요일 밤에는 믿음에 관하여 설교를 했습니다. 화요일 밤에는 신유 집회를 할 것이라고 광고를 하였습니다.

그 당시에 나는 사람들이 구원받기를 원하든지, 성령 세례 받기를 원하든지, 치유받기를 원하든지 한 줄로 세웠습니다. 나는 한 사람씩 상대하였습니다. 그 때 한 남자가 모든 말을 하고 그 옆에서 가만히 듣고만 있는 한 여인의 순서가 되었습니다. 그녀는 아무 말도 하지 않았습니다. 나는 그녀의 외모만 보아도 그녀가 정신적으로 문제가 있다는 것을 알 수 있을 정도였습니다. 그 남자는 자기 부인이 매우 쇠약해 있으며 정신병원에 입원한 적이 있다고 말했습니다.

여기서 여러분께 한 가지 지적할 것이 있습니다. 당신은 다른 사람에게 영적 권세를 행사할 때 무조건 권세 그 자체만을 가지고 행하는 것이 아니라는 것입니다. 당신은 하나님의 영적인 나타남이 있어야 합니다. 이것이 바로 많은 사람들이 실패하는 원인입니다. 그들은 지식의 말씀이나 영분별이나 성령의 기름부음도 없이 영들을 다루려고 합니다.

예수님께서 전에 한 번 저에게 '마귀, 귀신들, 귀신에게 사로잡힘' demon possession에 관하여 말씀하실 때, 주님은 점치는 영이 들렸던 소녀를 예로 사용하셨습니다. 그 소녀는 "여러 날을" 바울과 실라를 따라 빌립보를 돌아다녔습니다. 사도행전 16장 18절에 의하면 "이 사람들은 지극히 높은 하나님의 종으로…"(17절)라고 했습니다.

예수님은 제게 "너는 왜 바울이 첫날 그 영을 다루지 않았는지 이유를 알고 있느냐"고 질문하셨습니다. 나는 "정말로 모르겠습니다. 저도 이상하다고 생각해 왔었습니다. 왜 하나님의 사람이자 권세의 사람이었던 사도 바울이 첫날 악한 영에 대하여 권세를 행사하지 않았습니까?"라고 여쭈어 보았습니다. 예수님은 "그는 성령의 나타남을 기다려야만 했다. 그는 하나님의 영이 그에게 영들을 분별할 수 있도록 하기까지 기다려야만 했다"고 말씀하셨습니다.

아시겠습니까? 당신은 마귀를 당신과 당신의 집으로부터 언제든지 쫓아버릴 수 있습니다. 어떤 사람이 당신의 영역 안에 있다면 당신은 그 사람에 대하여 권세를 가질 수 있습니다. 그러나 당신의 영역을 벗어날 경우에는 악한 영들도 그 곳에 있을 권리가 있는 것입니다. 왜냐하면 사탄은 이 세상의 신이기 때문입니다.

이것이 바로 바울이 그 귀신에게 사로잡힌 소녀를 구원하기 위해 수일간을 기다렸던 이유입니다. 그는 소녀가 그를 따라오기 시작하던 첫날, 귀신이 소녀에게서 떠나도록 명령하지 않았습니다. 그는 때가 오기를 기다렸고, 그 때가 오자 그는 마귀에게 말하였고, 그 마귀는 그녀에게서 나갔습니다.

내가 치유받기 위해 줄을 서서 기다렸던 그 여인에게 손을 얹었을 때 나는 다른 영을 볼 수 없었습니다. 그러나 지식의 말씀을 받게 되었습니다. 그 당시 나는 내 사역에 영을 분별하는 은사가 역사하고 있지는 않았지만 지식의 말씀은 나타나고 있었습니다.

내가 그녀에게 손을 얹었을 때 그녀의 인생이 마치 텔레비전 화면을 보고 있듯이 내 앞에 펼쳐지기 시작했습니다. 나는 그녀의 삶 전체를 알 수 있었습니다. 나는 그녀의 남편에게 "공개적으로 하지 않겠습니다. 그녀를 목사님 사무실로 데려가십시오. 이 집회가 끝난 후에 목사님과 함께 당신들을 만나 이야기할 것입니다"라고 말했습니다.

그래서 그는 그녀를 데리고 갔습니다. 집회를 마치고 나와 목사님은 목사님실로 갔습니다. 나는 여인의 남편이 그 교회의 집사라는 사실을 알 수 있었습니다. 나는 그에게 "목사님께서 여기서 증인이 되어주실 것입니다. 목사님은 당신의 아내에 관하여 한 마디도 하지 않았습니다. 이 주에서 나를 아는 사람은 목사님 외에는 아무도 없습니다. 나는 당신이나 당신의 아내를 본 적도 없습니다"라고 말했습니다.

"나는 내가 왜 당신의 아내를 공개적으로 다루지 않았는지 이유를 말씀드리겠습니다. 내가 당신의 아내에게 손을 얹었을 때 저는 제 심령으로 – 나는 순식간에 모든 것을 볼 수가 있었습니다 – 당신의 아내는 언젠가 어떤 복음 전도자가 주께서 자기에게 들을 수 있는 음성으로 말했었다고 하는 것을 들었습니다. 그녀는 자기에게도 하나님께서 들을 수 있는 음성으로 말씀해 주실 것을 간구하기 시작했습니다. 그녀가 몰랐던 것은 그 복음 전도자는 하나님께서 그에게 그런 식으로 말씀해 주시기를 간구했다고는 말하지 않았다는 사실입니다. 그는 단지 하나님을 기다리고 있었을 뿐이었습니다(당신이 만일 들을 수 있는 음성을 구하기 시작하면 마귀는 당신을 이용하려 할 것입니다. 그것은 잘못된 것입니다)."

"귀신들이 그녀에게 말하기 시작했습니다." 나는 계속해서 말했습니다. "그녀는 음성들을 듣기 시작한 것이지요. 귀신들이 그녀를 미치게 만든 것입니다. 당신은 그녀가 정신병원에 한 번 입원했었다고 내게 말씀하셨는데 실제로 그녀는 한 번이 아니라 두 번 입원했었지요. 그렇지 않습니까?" 그녀의 남편이 "누가 당신께 말해줬나요?"라고 물었습니다. "주님께서요" 하고 내가 대답했습니다. "주님은 제게 당신이 부인을 데리고 치유 집회에 데리고 갔었고, 그 복음을 전하는 자가 그녀를 귀신 들림으로부터 구해내지 못하는 것도 보여 주셨습니다. 그리고 저는 영으로 당신이 그녀를 데리고 어떤 예언자의 집회에 데리고 가는 것도 보았습니다. 그도 역시 그녀를 구원하지 못했습니다. 그러자 당신은 그 사람에게 화를 냈습니다. 나도 역시 그 두 사람과 마찬가지로 귀신들로부터 그녀를 구원시킬 수가 없습니다. 당신은 내게도 화를 낼 수 있겠지요."

"자, 이제 제가 왜 그 분들이 그녀를 구출하지 못했는지, 그리고 나도 그녀를 자유케 못하는지 이유를 말씀해 드리겠습니다. 그녀는 구원받기를 원하고 있지 않기 때문입니다. 그녀가 이 음성들을 듣기 원하는 한 그녀는 그 음성을 듣게 될 것입니다. 그녀는 미친 것이 아닙니다. 그녀는 지금 내가 말하는 모든 것을 잘 듣고 있습니다."

나는 그녀를 바라보며 "자, 자매님. 당신이 이 음성을 더 이상 듣기를 원하지 않게 되거든 제게 오십시오. 그러면 제가 자매님을 도와 드릴 것입니다"라고 말했습니다. "글쎄요. 나는 이 음성 듣기를 원합니다"라고 그녀가 말했습니다. "나는 당신이 그럴 줄 알았습니다"라고 내가 말했습니다.

어떤 이는 "어쩌면 그녀는 지금 자기가 말하고 있는 것이 무엇인지도 잘 모를 수도 있지 않습니까?"라고 말할 것입니다. 만일 그녀가 몰랐다면 주께서 내게 말씀하지 않으셨을 것입니다. 나도 역시 그것을 알았을 것입니다.

성경은 예수님의 사역에 관하여 말씀하기를 그는 그의 말씀으로 영들을 내쫓았다고 말하고 있습니다. 하나님의 영을 떠난 그의 말씀을 의미하는 것이 아닙니다.

마태복음 12장을 읽어 보십시오. 바리새인들이 귀신의 왕 바알세불을 힘 입어서 예수께서 귀신들을 쫓아낸다고 고소하고 있었습니다(24절). 예수께서 *"내가 하나님의 성령을 힘입어 귀신을 쫓아내는 것이면 하나님의 나라가 이미 너희에게 임하였느니라"*(28절)라고 대답하셨습니다.

우리는 말씀으로부터 우리가 영적 권세를 소유하고 있다는 것을 알지만 우리는 권세를 행사하여 일할 때 성령께서 우리를 도와주시기를 바라며 의지해야만 합니다. 우리 스스로의 힘으로는 할 수 없는 것입니다. 앞에서 언급했듯이, 만일 마귀가 나를 공격하더라도 나는 마귀 위의 권세를 가지고 있습니다. 왜냐하면 나는 내 자신의 삶에 대하여 권세가 있기 때문입니다. 나는 마귀에게 지금 즉시 나의 집을 떠나라고 말할 수 있습니다.

나는 또한 사람이 내 앞에 있는 한 상황을 통제할 수 있습니다. 예를 들면 텍사스 포트워스에서 온 내 친구 목사와 제가 설교하게 되어 있는 캘리포니아의 집회에 참석하게 되었을 때의 일입니다.

그 친구 목사님은 수년 동안 당뇨병으로 고생하고 있었는데, 그는 매일 아침 그의 몸에 얼마의 인슐린이 필요한가를 알아서 주사 맞기 위해 그의 소변을 검사해야 했습니다. 그에게 믿음에 대하여 가르치려고 애쓰면서 나는 그의 목사관에서 차를 빼고 나오면서 "당신이 나와 함께 있는 한 당뇨는 더 이상 나타나지 않을 것입니다"라고 말했습니다. 그가 나와 함께 있고 그가 나의 거처에 함께 있는 한 나는 그의 질병을 통제할 수 있었습니다. 그러나 그가 나로부터 멀리 떠나버리면 나는 그가 통제할 수 있도록 그를 훈련 시켜야만 했습니다. 그는 나를 못 믿겠다는 듯이 쳐다보았지만 그가 나와 함께 있었던 거의 2주 동안 그는 파이나 케이크 등을 먹었음에도 불구하고 당뇨가 전혀 나타나지 않았습니다.

"오늘은 당뇨가 나올 것을 나는 알고 있다네"라고 그는 말했습니다. 스스로 소변 검사를 해 본 후에 그가 "내 평생에 이런 일은 처음이군"이라고 말했습니다. 나중에 그가 내게 말하기를 그가 집에 돌아간 지 사흘 후에야 당뇨가 나타나기 시작했다고 했습니다.

보십시오. 나는 그 병에 대한 권세를 주장하였던 것입니다. 비록 내가 안 보이는 세력에 대하여는 통제할 힘을 가졌지만 그 목사님의 의지에 대하여는 통제할 힘이 없었습니다. 그 목사님이 나와 함께 있는 동안 내가 안 보이는 세력에 대해 힘을 행사할 수 있었습니다. 그리고 나는 그도 똑같은 권세를 행사할 수 있다고 확신을 시켜주려고 노력했지만 그는 깨닫지 못했습니다. 그는 당뇨병이 다시 재발할 것을 기대하고 있었고 또 기대했던 대로 당뇨병은 재발하였습니다.

그 목사님이 영적 권위를 마침내 이해하게 되기까지는 그 후로도 5년이 더 걸렸습니다(우리 목사님들 중 어떤 분들은 매우 느려보입니다).

제가 다른 사람들과 함께 있을 수만 있다면 나는 그들을 도와줄 수 있습니다. 그러나 다른 사람들과 함께 살면서 도와줄 시간이 없습니다.

마귀의 능력 깨뜨리기

몇 년 전에 나의 형님이 마귀에게 매였을 때 나는 "사탄아! 예수 그리스도 이름으로 나의 형님의 삶에 대한 너의 힘을 분쇄한다. 그리고 나는 그의 놓임과 구원을 요구한다!"라고 말했습니다. 약 2주 후에 그는 구원을 받았습니다.

나는 과거 15년 동안 그를 구원하려고 노력했지만 아무 일도 일어나지 않았습니다. 내가 이 입장에 서서 믿는 자로서의 권세를 행사했을 때 이 권세는 역사하였습니다.

어떤 사람들은 내가 하는 말을 듣고 그렇게 역사하는지 한 번 시도해 보겠다고 말했습니다. 나는 그들에게는 역사하지 않을 것을 알았습니다. 왜냐하면 나는 한 번 시도해 본 것이 아니라, 그것을 수행했기 때문입니다.

가끔 믿는 사람들이 그것이 다른 누군가에게 역사하였기 때문에 그들도 한번 어떤 일을 시도해 보겠노라고 말합니다. 만일 그들이 하나님의 말씀을 연구하고 스스로 권세에 대한 가르침으로 옷 입으면 이 권세의 행사는 그들에게도 역사할 것입니다. 그러나 만일 그 하나님의 말씀이 그들의 심령 가운데 실제로 굳건히 세워지지 않은 상태에서 하나님의 말씀대로 시도해 본다면 마귀는 그들을 거뜬히 패배시켜 버릴 것입니다.

당신은 오직 당신이 하나님의 말씀을 기초로 하고 그 기초 위에서 행동할 때에만 마귀와의 싸움에서 마귀를 무찌를 수 있습니다.

왜 사람들은 자신의 병고침을 잃어버리는가?

사람들이 믿음의 매우 높은 곳에 있을 때나 - 집단적 믿음이 있는 곳 - 성령의 은사들이 나타나고 있는 곳에서는 그들이 병고침을 받기가 비교적 쉽습니다. 이런 현상이 바로 대형 집회에서 일어나곤 합니다.

1947~1958년, 나는 신유 부흥의 역사가 당시의 유명한 복음 전도자들의 집회에서 일어나는 것을 목격하였습니다. 그러나 이 사람들이 자기 자신에게로 되돌아갔을 때에는 마귀가 거짓 증상을 가지고 그들

을 따라옵니다. 믿음의 기초가 없는 사람들은 마귀가 똑같은 병을 다시 그들에게 가져다 줍니다.

이것이 바로 악령들이나 질병 등 많은 것들로부터 구원을 받은 사람들을 당신이 다시 보게 될 때는 과거 고침 받지 못한 상태로 되돌아가 있는 것을 발견하게 되는 이유입니다.

어떤 사람은 "아마도 그들은 처음부터 깨끗이 치료받은 게 아니었던 모양이야"라고 말합니다.

그렇다면 그가 치료받지 않고서 어떻게 전에 한 번도 걸어본 적이 없었던 앉은뱅이가 걸을 수 있었겠습니까? 만일 그것이 치유가 아니었다면 그것은 도대체 무엇이란 말입니까? 전에 한 번도 볼 수 없었던 사람이 어떻게 볼 수가 있었겠습니까? 어떻게 과거에 한 번도 듣지 못했던 사람이 들을 수가 있었겠습니까?

그들은 집에 갈 때까지는 괜찮았습니다. 그러나 2~3주 후에 그들의 병고침 받음은 사라져 버립니다. 왜 그들은 놓치게 될까요? 그들이 자신들의 권세를 모르기 때문입니다. 그들은 자신들이 소유한 것을 어떻게 계속 유지할 것인지 알지 못하고 스스로 권세를 행사해 보지 않습니다. 혹은 잘못된 것을 말해 버리고 마는 것입니다.

나는 완전히 치료받은 소아마비 환자를 보았는데, 한 열흘 후에 그 치유를 놓쳐버리는 것을 보았습니다.

나는 관절염으로 3년 동안 완전히 침대에만 누워서 살아 왔던 한 여성을 기억합니다. 그녀는 침대 위에 널빤지처럼 뻣뻣하게 눕혀져 있었습니다. 그녀는 즉시 고침을 받고 얼마쯤 걸었습니다. 그녀의 의

사는 그녀의 몸에서 관절염의 아무 흔적도 발견할 수 없었습니다. 그러나 6주 후에 그녀는 다시 널빤지처럼 뻣뻣해지고 말았습니다.

왜 치유를 놓쳤을까요? 어떤 사람들은 "그들은 최면술을 걸었던 것이다"라고 말합니다. 정말 그럴까요? 아닙니다. 사람들은 성령의 은사가 역사하는 곳에서는 하나님의 임재 안에 들어가게 됩니다. 그리고 치유는 쉽게 일어나게 됩니다. 그런데 그들이 자기 스스로 되돌아갈 때에 실제로 그들 자신에게만 의존하게 됩니다.

그러므로 사람들은 믿는 자로서 그들의 권리와 특권에 대해서 하나님의 말씀을 가르침 받을 필요가 있는 것입니다. 그러면 그들은 스스로 마귀·질병·환경 등에 대하여 권세를 행사할 수 있습니다.

귀신들 쫓아내기

성경은 병 고침과 귀신 쫓아내기를 구별하고 있습니다. 흔히 사람들의 육체적 상태는 기도나 안수를 해도 별 효과를 보지 못할 때가 있는데 이는 악령들이 관련되어 있기 때문입니다.

뉴올리안즈에 사는 한 침례교도 여인에게 일어난 일입니다. 그녀는 정신병에 걸려서 정신병자 수용소에 구류되어 있었습니다.

어느 날 성령 세례를 받은 내 친구 침례교 목사님이 그녀를 위해 기도해 주려고 방문했습니다. 그는 그녀에게서 아홉 귀신을 쫓아내고 그녀는 즉시 강건해졌습니다.

그녀의 경우를 잘 알고 있는 한 대학 교수가 이것을 그의 강의 중에 예로 들어 사용하였습니다. 이 사건은 그에게 너무나도 깊은 인상을 주었으므로 그 교수는 이 침례교 목사를 초청하여 그것에 대한 이야기를 들었습니다. 그 결과 그 교수의 부인이 성령 세례를 받게 되었습니다. 그 교수는 성령 충만 받기를 간구했을 뿐만 아니라, 귀신들이 그가 생각했던 것보다 훨씬 더 많이 사람들에게 영향을 끼치고 있다는 사실을 강의 시간에 말하였습니다.

눌림과 사로잡힘

1950년대에 한 교인이 치유를 받기 위해 줄을 서서 기다리고 있었습니다. 나는 그의 몸에 귀신이 있음을 알아챘습니다. 이 사람은 거의 모든 복음 전하는 자들이 치유 사역을 하는 줄에 서 있었으나 치유를 받지 못했습니다. 왜냐하면 그를 억압하고 있는 영을 다루어야 했기 때문입니다.

이 경우는 병 고침 받는 경우가 아닙니다. 그를 위해 기도하면서 나는 그에게 설명하였습니다. 당신의 몸은 귀신에 의해 사로잡힌 것이 아니라 눌림을 받고 있습니다.

이런 예를 들 수 있습니다.

만일 당신이 11년 전에 지어진 집에서 살고 있다고 가정해 봅시다. 그런데 누군가가 그 집은 개미가 있다고 당신에게 말했습니다. 이 말은 당신 안에 개미가 있다는 말이 아닙니다. 당신의 몸은 당신이 살고 있는 집입니다. 만일 당신의 집에 있는 개미를 없애는 방법을 알고, 당신의 몸에 귀신들을 없애는 방법을 안다면, 당신이 바르게 주의하기만 한다면 개미나 귀신들이 거기 거하지 못할 것입니다.

나는 자기가 사는 지역의 자선병원에서 시간을 내어 봉사하고 있는 성령 충만한 정신과 의사에게서 이런 말을 들었습니다. 한 정신병원에서 그는 3년간이나 말을 하지 않는 한 남자 환자를 실험해 보기로 하였습니다. 그 사람은 마치 동상처럼 아무 표정도 없이 그를 쳐다보았습니다. 그 의사는 매일 그에게 손을 얹고서 "만일 여기에 악령이 있으면, 내가 악령들을 꾸짖고 하나도 빠짐 없이 모두 떠나갈 것을 주 예수 그리스도의 이름으로 명령한다"라고 말했다고 했습니다. 다른 의사들이 없다면 이 의사는 환자에게 손을 얹고 매일 5분씩 방언으로 큰 소리내어 기도했습니다. 그러나 다른 의사들이 주위에 있을 때에는 그 의사들이 그가 하는 바를 이해할 수 없을 것이므로 그는 지혜롭게 속으로만 기도하였습니다.

열흘이 못 되어서 그 환자는 말하기 시작했고 30일이 못 되어 그는 고침을 받고 집으로 돌아갔습니다. 그 의사는 물론 다른 환자들도 도와주었습니다. 하나님은 믿음을 존중하시고 하나님의 영은 어떻게 기도할지를 알고 있습니다. 성령님이 바로 우리 기도의 주체이십니다.

귀신들을 어떻게 다룰 것인가?

언제 귀신들이 존재하는가? 그리고 그들을 어떻게 다루는가를 알기 위해서 우리는 하나님의 영에 의존해야 합니다(이 주제에 관한 철저한 연구는 케네스 해긴 목사님의 4권 시리즈로 된 「Satan, Demons, and Demon Possession」을 보십시오).

하나님의 말씀과 성령이 없다면 우린 속수무책입니다. 성령 없이 단지 말씀만 있는 사람이 되어서는 안 됩니다. 또 말씀 없이 성령만 의지하는 사람이 되어서도 안 됩니다.

많은 사람들이 하나님의 성령이 없이 하나님의 말씀대로 행하려고 합니다. 성령과 말씀은 둘 다 있어야 합니다. 성령과 말씀은 일치합니다.

모든 병 고침의 경우에 영을 다룰 필요가 있는 것은 아닙니다. 만일 다루어야 한다면 주님께서 당신에게 보여 주실 것입니다. 내가 알기로는 하나님은 지적인 존재이시고 나도 지적 존재이므로 하나님께서는 만일 악한 영이 존재한다면 내게 말씀하실 것입니다.

나는 그 분이 말씀하신 만큼만 가고 말씀하시지 않으면 가지 않습니다. 나는 그 분이 아무 말도 하지 않으시면 악령을 다루려고 애쓰지 않습니다. 그런데 이상한 것은 내가 어떤 경우에는 치유로만 섬길 것을 인도 받지만 같아 보이는 사례임에도 어떤 때는 영을 다루어야 하는 경우가 있다는 것입니다. 왜 그런지 잘 모르겠습니다만 그렇다는 것을 경험으로 알 뿐입니다.

당신은 한 경우를 다른 경우로 미루어 판단할 수 없습니다. 스스로를 도울 수 없는 사람들은 도움 받는 것이 필요합니다. 가끔 그런 사람들은 당신의 믿음으로 치유를 받도록 해야 합니다. 그러나 이미 아는 사람들은, 즉 치유에 대해 영적 지식이 있는 사람들은 그들이 이미 알고 있는 지식의 빛 아래서 스스로 걸어야만 합니다.

어떤 사람들은 다른 사람들보다 더 영적으로 깨어 있습니다. 당신이 영적으로 더 많이 알수록 더 많은 것이 요구됩니다. 당신은 당신의 몸과 마음이 압제로부터 자유함을 얻을 수 있습니다.

다른 사람들이 당신과 함께 있는 한 다른 사람들에 대하여 당신이 영적 권세를 행사할 수 있습니다. 당신이 이렇게 영적 권세를 행사하는 법을 배우게 되면 이것은 당신 집 안에서도 물론 역사할 것입니다.

나는 구원받지 못한 남편들이 집에 와서 다투고 싸울 때 영적 권세를 행사했던 여자들에 관하여 들은 적이 있습니다. 그 여자 성도는 그 상황 뒤에 있는 악령을 조용히 말 없이 꾸짖는 법을 배워서 그 악령들에 대한 권세를 행사하였으며 상황은 변화되었습니다.

나는 몇 년 전에 나의 친척 몇 사람이 매우 분노하고 있을 때 이 방법으로 권세를 행사했습니다. 나는 단지 그 상황에 맞게 권세를 취했을 뿐인데, 내가 그렇게 하였을 때 그들은 즉시 알아차렸습니다(왜냐하면 그들은 놀랐다는 표정으로 나를 쳐다보았기 때문입니다). 그리고 그 상황은 즉시 무마되었습니다. 나는 물론 그들의 의지에 대해서 권세를 행사한 것이 아니라, 그들로 하여금 그 행위를 하게 한 영에 대한 권세를 행사하였습니다.

예수님께서 한번은 그의 제자들에게 그가 많은 고통을 받고 죽기 위하여 예루살렘으로 가려고 한다고 말씀하셨습니다. 베드로가 반대했습니다. 예수께서 즉시 그를 꾸짖으시며 "사탄아 내 뒤로 물러 가라"(마 16:23)고 말씀하셨습니다. 예수님은 베드로가 사탄이라고 말씀하고 있는 것이 아니었습니다. 주님은 베드로가 의심·불신·마귀의 편에 서 있음을 보여주신 것입니다.

가끔 그리스도인들은 무의식적으로 적에게 양보합니다. 그러나 우리는 사탄에 대해 권세를 가질 수 있습니다. 성경은 우리가 두려움, 즉 우리의 삶에 대한 두려움에 대해서도 권세를 취할 수 있음을 말하고 있습니다.

우리는 이 사실을 알 필요가 있습니다. 그러나 우리는 다른 사람의 삶에 관한 두려움에 대해서까지 항상 권세를 취할 수는 없습니다. 나는 어떤 사람이 마귀에 대항할 줄은 모르지만 나와 함께 있는 한 두려움에 대해 통제할 수가 있었습니다.

디모데후서 1장 7절은 "하나님이 우리에게 주신 것은 두려워하는 마음(영)이 아니요 오직 능력과 사랑과 절제하는 마음(영)이니"라고 말하고 있습니다.

성경은 두려움을 영이라고 부르는 것에 주목하십시오. 하나님은 우리에게 능력과 사랑의 영과 절제하는 마음(영)을 주셨습니다.

내가 젊은 침례교 목사였을 때에도 나는 언제나 두려움과 의심에 대해서 권세를 취했습니다. 내가 의심하도록 유혹을 받게 될 때에 나는 "의심아! 나는 예수 이름으로 너를 대적한다"라고 말했습니다.

내가 두려워하도록 유혹을 받을 때에는 나는 "두려움아! 예수 이름으로 내가 너를 대적한다"라고 말합니다.

당신도 이렇게 할 때 의심과 두려움이 당신을 떠나버릴 것입니다. 우리는 심지어 진리를 거스르는 사람들에 대해서도 권세를 가지고 있습니다.

텍사스의 한 경찰관의 옆집에 사는 순복음파 목사님이 있었습니다. 이 경찰관은 방언으로 말하는 것을 매우 신랄하게 반대하는 교파에 속해 있었습니다. 그 목사님은 경찰관에게 자기 교회를 방문하도록 하였습니다. 그랬더니 그 경찰관은 농담조로 목사님에게 자기가 다니는 교회에 함께 가지 않겠느냐고 물었습니다. 경찰관이 그에게 말하기를 자기가 다니는 교회 목사님이 방언을 주제로 말씀할 것이라고 했기 때문에 가기로 결정하였습니다.

그 교회 목사님은 설교에서 성경에 근거한 말은 한마디도 하지 않고 방언으로 말하는 사람들 가운데 있었다고 하는, 그가 들은 많은 다른 것들에 대해서만 말했습니다. 그리고 그는 방언 말하는 것을 흉내내기 시작했습니다. 이것을 듣고 있던 이 순복음파 목사님은 이 상황에 대해서 권세를 취하셨습니다. 설교하던 그 목사님은 갑자기 말을 중단하더니 얼굴이 창백해지고 설교를 마치지도 못한 채 주저앉아 버렸습니다.

그 경찰관은 무슨 일이 일어났는지 알아차렸습니다. 그러고는 그 순복음파 목사님께 가서 악수를 하고는 그를 부둥켜 안았습니다. 그는 "하나님 감사합니다. 하나님께서 그를 붙잡으셔서 기쁩니다. 그 목사님은 그보다는 더 양식이 있었어야 했는데…"라고 말했습니다.

그 다음날 저녁 그 설교자는 그가 많이 알지도 못하는 것에 대해 말한 것을 사과하였습니다. 그는 마치 하나님께서 자신을 체포하시는 것 같았다고 말했으며 우리가 어떤 일들에 대하여 많이 알고 있지 못할 때에는 그냥 내버려두는 편이 훨씬 낫다고 말했습니다.

마귀를 대적하라

우리는 흔히 우리 삶에 있어서 어떤 시련들은 원수의 소행이라는 것을 깨닫고 있습니다. 그리고 우리는 하나님께 부르짖어 그를 꾸짖어 달라고 하며 상황이 우리를 위해 변화되기를 간구합니다. 그러나 하나님의 말씀은 우리 스스로 원수를 꾸짖으라고 말하고 있습니다.

야고보서 4장 7절에는 *"마귀를 대적하라 그리하면 너희를 피하리라"* 고 우리에게 말하고 있습니다. 마귀를 능가하는 그 권세는 우리의 것입니다. 책임이 우리에게 있다는 말입니다. 만일 우리가 마귀를 대적하면 그는 우리에게서 도망갈 것입니다.

성경은 "어떤 한 사람을 찾아서 그가 너를 위해 마귀를 쫓아내 달라고 하라"고 말하고 있지 않습니다. 성경은 우리가 마귀를 대적해야 한다고 말하고 있습니다. 우리 중 너무도 많은 사람들이 우리가 바로 마귀를 대적해야 할 사람들임에도 불구하고 게으르게 주저앉아서 예수님께서 무엇인가 해주기만을 기다리고 있습니다. 우리는 그 권세를 가지고 있습니다(우리는 언제나 누군가가 우리가 마땅히 해야 될 일을 대신 해주기를 바라고 있습니다).

물론 우리 주변에는 언제나 영적인 어린아이들이 있을 것이고, 우리는 우리의 믿음으로 그들을 도와주어야 합니다. 그러나 우리 중 어떤 이들은 이제 충분히 성장하여서 이 영적인 어린아이들을 보살펴 주어야지 목사님께 모든 것을 다 하도록 떠맡겨서는 안 됩니다. 어떤 상황이든 그것은 우리가 허용하였기 때문에 존재하는 것입니다.

마태복음 18장 18절에 *"진실로 너희에게 이르노니 무엇이든지 너희가 땅에서 매면 하늘에서도 매일 것이요 무엇이든지 땅에서 풀면 하늘에서도 풀리리라"* 고 말씀하셨습니다.

이것은 킹 제임스 번역본의 말씀인데, 제가 전에 읽었던 다른 번역본의 표현을 저는 더 좋아합니다. "무엇이든지 여러분이 땅 위에서 허락되기를 거절하는 것들은 하늘에서도 허락되기가 거절될 것입니다"

당신의 권세를 행사하십시오.

부록 01

사탄과 귀신들에 대한 믿는 자의 권세
The Authority of the Believer Over Satan and Demons

[이 글은 케네스 이 해긴 목사님이 1990년 3월 11일에 알라바마주 오자크에서 설교하신 말씀입니다. 영적 전쟁과 사탄과 귀신들에 대한 믿는 자에 권세에 대하여 더 자세히 알기를 원하면 해긴 목사님의 저서인 "승리하는 교회"를 읽으십시오. - 편집자 주]

디모데후서 4장 2절은 "너는 말씀을 전파하라 때를 얻든지 못 얻든지 항상 힘쓰라 범사에 오래 참음과 가르침으로 경책하며 경계하며 권하라"고 말하고 있습니다. 우리가 말씀을 설교하는 것은 대단히 중요한 일입니다! 많은 경우에 오순절이나 은사주의적 배경을 가지고 있는 그리스도인들은 하나님께서 그들에게 특별한 방법으로 말씀하여 주시기를 바랍니다. 그렇지만 하나님께서는 항상 우리에게 그의 말씀을 통하여 말씀하고 계십니다.

과거의 사역에서 나는 우리가 어떤 길로 가서 어떤 특별한 일을 하라는 마음의 부담, 혹은 어떤 인상an impression 같은 것이 있었습니다. 여전히 나는 주님께서 나에게 이 상황에서 아주 특별한 방법으로 말씀하여 주시기를 원했습니다. 왜냐하면 주님께서 내게 원하시는 일을 하는 일에 내키지 않는 걸음으로 따라가고 있었기 때문입니다. 예를 들어서 나는 하나님께서 나에게 목회를 하도록 인도하는 어떤 교회에 목사로 가고 싶지 않았습니다. 자연적인 관점으로 볼 때 나는 그 도시에 살고 싶지 않았거나 그 목사관에 살고 싶지 않았던 것입니다. 그렇지만 영적인 관점으로 볼 때 나는 정말 하나님께 순종하기를 원했습니다!

그래서 나는 계속하여 주님께 이렇게 말했습니다. "만일 당신이 나에게 말씀을 하시든지 혹은 이 인도를 예언이나 혹은 다른 특별한 방법으로 확인하여 주신다면 나는 가겠습니다." 나는 기도를 하고 금식을 했습니다. 그렇지만 주님은 다른 모든 믿는 자들에게 말씀하시는 대로 나에게도 말씀하셨던 것입니다. 그 작고 세미한 음성으로 말입니다. 예언이나 방언과 방언통역 혹은 다른 영적인 은사로 나에게 말하는 것은 아무 소용이 없었습니다. 왜냐하면 나는 내 속에서 무엇을 해야 하는지 알고 있었기 때문입니다. 그래서 나는 순종했습니다. 하나님을 찬양합니다!

가끔 우리는 하나님께서 우리에게 이런 방법으로 말씀해 달라고 주장하려고 합니다. 우리는 하나님께서 우리에게 그의 말씀을 통해 항상 말씀하고 있는데도 특별한 방법으로 말씀해 주시기를 바랍니다. 하나님께서 그의 말씀으로써 우리에게 말한 것 중 하나는 권세라는 주제입니다. 권세는 믿는 자들이 알고 이해해야 할 매우 중요한 주제입니다.

오늘 말씀드릴 것은 주님이 나의 심령에 주신 것이라고 나는 믿고 있습니다. 사실 내가 말하는 것 중에 어떤 사실이나 부분들은 내가 전에도 말한 적이 있습니다. 그렇지만 한 번도 여기서 한 것 같이 합쳐 놓은 적은 없었습니다. 나는 전에도 이 말씀의 일부를 말한 적이 있습니다. 그렇지만 하나님께서 오늘 여러분을 위하여 말하라고 내 심령에 두신 것 같습니다. 그러므로 나는 이렇게 말하지 않을 수 없습니다.

마가복음 1장 21-24절은 우리가 시작하기 좋은 말씀입니다.

그들이 가버나움에 들어가니라 예수께서 곧 안식일에 회당에 들어가 가르치시매 뭇 사람이 그의 교훈에 놀라니 이는 그가 가르치시는 것이 권위 있는 자와 같고 서기관들과 같지 아니함일러라 마침 그들의 회당에 더러운 귀신 들린 사람이 있어 소리 질러 이르되 나사렛 예수여 우리가 당신과 무슨 상관이 있나이까 우리를 멸하러 왔나이까 나는 당신이 누구인 줄 아노니 하나님의 거룩한 자니이다

막 1:21-24

이 성경 구절에 의하면 이 귀신은 예수님이 누구인지 알고 있었습니다. 그는 예수님의 권세를 인정하였던 것입니다. 회당에 있던 사람들은 예수님이 서기관들과 같지 않은 권세를 가지고 가르쳤기 때문에 기이히 여기며 놀랐습니다. 사람들과 귀신들이 다 예수님의 권세를 인정한 것입니다.

예수님께서 30세에 세례를 받으신 후 그의 공생애를 시작하셨을 때, 즉시 그는 귀신의 세력과 대면하게 되었습니다. 이 세력들은 수세기 동안 아무 방해 없이 활동해 왔던 것입니다. 그들은 사람들을 묶어 놓았으며 영적인 죽음의 영역에서 왕 노릇을 하고 있었던 것입니다. 아무도 그들을 다스리거나 그들의 세력을 박탈할 권세가 없었던 것입니다.

왜 예수님이 나타나셨을 때 귀신들이 그를 두려워하였을까요? 우리는 그 대답을 누가복음 4장 1-13절에 있는 예수님이 유혹을 받았던 이야기에서 찾을 수 있습니다.

"기록되었으되…"

성경은 이렇게 말하고 있습니다. "백성이 다 세례를 받을새 예수도 세례를 받으시고 기도하실 때에 하늘이 열리며 성령이 비둘기 같은 형체로 그의 위에 강림하시더니 하늘로부터 소리가 나기를 너는 내 사랑하는 아들이라 내가 너를 기뻐하노라 하시니라"(눅 3:21-22).

예수님께서 세례를 받으시고 성령이 그에게 임하신 후에 처음 있었던 일은 성령에 이끌리어 광야로 들어가셔서 마귀에게 시험을 받은 것입니다.

예수께서 성령의 충만함을 입어 요단 강에서 돌아오사 광야에서 사십 일 동안 성령에게 이끌리시며 마귀에게 시험을 받으시더라 이 모든 날에 아무 것도 잡수시지 아니하시니 날 수가 다하매 주리신지라 마귀가 이르되 네가 만일 하나님의 아들이어든 이 돌들에게 명하여 떡이 되게 하라 예수께서 대답하시되 기록된 바 사람이 떡으로만 살 것이 아니라 하였느니라 마귀가 또 예수를 이끌고 올라가서 순식간에 천하 만국을 보이며 이르되 이 모든 권위와 그 영광을 내가 네게 주리라 이것은 내게 넘겨 준 것이므로 내가 원하는 자에게 주노라 그러므로 네가 만일 내게 절하면 다 네 것이 되리라 예수께서 대답하여 이르시되 기록된 바 주 너의 하나님께 경배하고 다만 그를 섬기라 하였느니라 또 이끌고 예루살렘으로 가서 성전 꼭대기에 세우고 이르되 네가 만일 하나님의 아들이어든 여기서 뛰어내리라 기록되었으되 하나님이 너를 위하여 그 사자들을 명하사 너를 지키게 하시리라 하였고 또한 그들이 손으로 너를 받들어 네 발이 돌에 부딪치지 않게 하시리라 하였느니라 예수께서 대답하여 이르시되 주 너의 하나님을 시험하지 말라 하였느니라 마귀가 모든 시험을 다 한 후에 얼마 동안 떠나니라 \u3000\u3000\u3000\u3000\u3000\u3000\u3000\u3000\u3000\u3000\u3000\u3000\u3000눅 4:1-13

귀신들은 광야의 시험을 통해서 예수님을 처음 대면했을 때, 예수님께서 마귀를 다스리는 주인이라는 것을 증명해 보였기 때문에 예수님을 무서워했던 것입니다. 할렐루야!

우리는 예수님이 어떻게 사탄을 굴복시켰는지 알아야 합니다. 왜냐하면 우리는 예수의 이름으로 같은 일을 할 수 있기 때문입니다. 예수님이 어떻게 마귀를 굴복시켰는지 주의해 보십시오. 사탄이 시험을 하나씩 할 때마다 예수님은 말씀을 사용하셨습니다. 예수님은 "기록되었으되"라고 말씀하셨습니다. 예수님은 말씀으로 마귀를 이기셨습니다.

예수님께서 마귀를 이겼기 때문에 마귀는(그의 모든 귀신들도) 예수님을 주님으로 인정하였습니다. 모든 복음서들을 통하여 귀신들이 예수님을 알아보고 소리를 지르는 것을 볼 수 있습니다(막 3:11, 눅 4:41). 마태복음 8장 29절에서 그들은 이렇게 소리를 질렀습니다. "… 하나님의 아들이여 우리가 당신과 무슨 상관이 있나이까 때가 이르기 전에 우리를 괴롭게 하려고 여기 오셨나이까." 귀신들이 자신들이 괴로움을 당할 때가 다가오고 있다는 것을 알고 있는 것에 유의하시기 바랍니다!

죽음은 패배당했습니다!

예수님은 사탄과 그의 귀신들만 패배시킨 것이 아니라 죽음을 정복하시고 우리를 다스리던 능력도 파괴하셨습니다.

이 자녀들은 피와 살을 가진 사람들이기에, 그도 역시 피와 살을 가지셨습니다. 그것은, 그가 죽음을 겪으시고서, 죽음의 세력을 쥐고 있는 자 곧 악마를 멸하시고(무력하게 하다, 마비시키다) 또 일생 동안 죽음의 공포 때문에 종노릇 하는 사람들을 해방하시려고 한 것입니다.

히 2:14-15(표준개정)

이 구절들에서 예수님께서 말씀하는 것은 육체의 죽음이 아닙니다. 육체의 죽음도 결국은 발밑에 있게 될 것입니다. 예수님은 여기서 영적인 죽음에 대하여 말하고 있습니다.

성경에서는 적어도 세 가지의 죽음이 언급되고 있는 것을 우리는 알아야 합니다. 첫째는 영적인 죽음입니다. 둘째는 육체의 죽음이 있습니다. 셋째는 두 번째 죽음, 즉 유황 불못에 던져지는 자들이 맞는 것입니다(계 21:8). 만일 영적인 죽음에 대한 성경 구절을 가지고 육체의 죽음에 적용하려고 한다면 여러분은 혼동이 될 것입니다. 또한 육체의 죽음에 대한 성경 구절을 가지고 영적인 죽음에 적용하려고 한다면 마찬가지로 여러분은 혼동이 될 것입니다. 우리는 이런 다른 종류의 죽음에 대하여 이해해야 하고, 또 어떤 성경 구절이 어느 죽음에 대하여 말하고 있는지 배워야 합니다.

히브리서 2장 14절은 "*자녀들은 혈과 육에 속하였으매 그도 또한 같은 모양으로 혈과 육을 함께 지니심은 죽음을 통하여 죽음의 세력을 잡은 자 곧 마귀를 멸하시며*"라고 말하고 있습니다. 흠정역에서는 "멸하시며destroy"라는 단어를 사용하고 있지만 예수님께서 문자 그

대로 사탄을 완전히 없애버린 것은 아닙니다. 왜냐하면 사탄은 아직도 존재하고 있기 때문입니다. 사탄은 아직도 있습니다.

만일 어떤 것이 멸하여졌다면destroyed, 그것은 더 이상 존재하지 않는 것입니다. 그렇지만 예수님은 사탄을 아무것도 아닌 것으로 만드신 것입니다. 즉 사탄의 죽음을 다루는 능력을 마비시키고 아무것도 아닌 것으로 만들었다는 것입니다. 다른 말로 하면, 예수님께서 그를 정복하였다는 말입니다!

> 내가 볼 때에 그의 발에 엎드러져 죽은 자 같이 되매 그가 오른 손을 내게 얹고 이르시되 두려워하지 말라 나는 처음이요 마지막이니 곧 살아 있는 자라 내가 전에 죽었었노라 볼지어다 이제부터 세세토록 살아 있어 사망과 음부의 열쇠를 가졌노라   계 1:17-18

만일 계시록 1장 17-18절을 히브리서 2장 14-15절과 함께 읽는다면 우리는 누가 세력을 가졌고 누가 세력이 없는지를 쉽게 알 수 있습니다. 예수님은 사탄을 정복하시고 그 위에 모든 권세를 가지고 계십니다.

예수님은 통치자들과 권세들을 무력화하셨습니다

골로새서 2장 15절은 예수님께서 사탄의 세력을 무찌르고 밝히 드러내어 보여주셨다고 말하고 있습니다.

통치자들과 권세들을 무력화하여 드러내어 구경거리로 삼으시고 십자가로 그들을 이기셨느니라   골 2:15(개역개정)

그리고 모든 통치자들과 권력자들의 무장을 해제시키시고 그들을 그리스도의 개선 행진에 포로로 내세우셔서 뭇 사람의 구경거리로 삼으셨습니다   골 2:15(표준개정)

"통치자들과 권세들을 무력화하여"라는 것이 무슨 뜻인지 다소 우리에게는 이해하기 어려운 점이 있습니다. 왜냐하면 400년 전에 사용되었던 영어가 오늘날 우리에게는 맞지 않을 수도 있기 때문입니다. 사도 바울이 말하고 있는 통치자와 권세들이라는 것은 사탄과 귀신적인 존재들을 말하고 있는 것입니다.

골로새서 2장 15절의 처음 부분을 여러 다른 번역본으로 읽는 것은 이 구절을 더 분명하게 이해하는데 도움이 될 것입니다.

He[Jesus] disarmed the principalities and power…   (RSV)
그는(예수님) 권세와 정사를 무장해제하였습니다…   (개정표준성경)

And He disarmed the principalities and the Powers [which fought against him]…   (Conybeare)
그리고 그는 (자기와 대항하여 싸우던) 정세와 권사를 무장해제 하였습니다…   (코니베어 역본)

He rid himself of all Powers of Evil…

      (Twentieth Century New Testament)

그는 모든 악한 권세들을 없애고…   (20세기 신약 본)

And the hostile princes and rulers He shook off from Himself…   (Weymouth)

그는 적대적인 왕들과 통치자들을 자신에게서 떨쳐버렸습니다…

            (웨이머스 역본)

And the dominions and powers he robbed of their prey…

              (Knox)

그는 권세와 지배자들로부터 그들의 약탈물들을 빼앗았습니다…

              (낙스 역본)

And then, having drawn the sting of all the powers and authorities ranged against us…   (Phillips)

그리고 우리를 대항하여 진을 친 권세와 정사들로부터 독침을 빼냄으로써…   (필립스 역본)

On the cross he discarded the cosmic powers and authorities…   (NEB)

그 십자가에서 그는 우주적 권세와 정사를 폐기하셨습니다…

             (NEB 역본)

이번에는 골로새서 2장 15절의 두 번째 부분을 처음에는 흠정역으로 그리고 다음에는 다른 번역본들로 읽어보겠습니다.

… he [Jesus] made a shew of them openly, triumphing over them in it

… (예수님께서) 밝히 드러내시고 십자가로 승리하셨느니라

… he [Jesus] made of them an open example, celebrating a triumph over them thereby   (Rotherham)

… 그는 (예수님) 그들을 공개적인 표본으로 만드시고 그들을 이긴 것을 축하하였습니다   (로더햄 역본)

… and put them to open shame, leading them captive in the triumph of Christ   (Conybeare)

… 그들을 드러내놓아 부끄럽게 하시고 잡힌 자를 그리스도의 승리로 인도하였습니다   (코니베어 역본)

… and held them up to open contempt, when he celebrated his triumph over them on the cross
        (Twenty Century New Testament)

… 그가 십자가에서 그들에게 승리한 것을 축하할 때 그들을 드러내놓고 모욕하였습니다   (20세기 신약 본)

··· made a public display of them, triumphing over them by the cross　　　　　　　　　　　　　　　　　　(Williams)
··· 십자가로 승리함으로 그들을 공중에 앞에 들어내어 놓았습니다
　　　　　　　　　　　　　　　　　　　　(윌리엄스 역본)

··· he exposed them, shattered, empty and defeated, in his own triumphant victory　　　　　　　　　　(Phillips)
··· 그는 자신의 승리로써 그들을 들어내고, 깨뜨리고, 빈털터리가 되게 하고, 패배시켰습니다　　　　　　　　(필립스 역본)

예수님이 사탄과 그의 귀신들을 패배시키고 통치자들과 권세들을 멸망시켰을 때, 예수님은 우리를 위하여 영원한 속량을 얻어주셨습니다.

염소와 송아지의 피로 하지 아니하고 오직 자기의 피로 영원한 속죄를 이루사 단번에 성소에 들어 가셨느니라　　　　히 9:12

이 구절의 끝 부분의 완전한 의미를 더 잘 이해할 수 있도록 여러 가지 다른 번역본을 읽어봅시다.

··· He [Jesus] entered once for all into the Holy place, age-abiding redemption discovering　　　　　(Rotherham)
··· 그는 단번에 성소에 들어가셔서 시대가 바뀌어도 변함이 없는 구원을 밝혀 주셨습니다　　　　　　　　(로더햄 역본)

He [Jesus] went once for all into the [Holy of] of Holies [of Heaven], … having found and secured a complete redemption (an everlasting release for us)　　(Amplified)
그는 [예수님] 모두를 위하여 [하늘나라의] [지]성소에 들어가셔서, … 완전한 구원 (우리를 영원히 해방하심) 을 발견하고 빼앗기지 않도록 해 주셨습니다　　　　　　　　　　　(확대 번역본)

예수님께서 성소에 들어가셔서 "영원한 구원을 획득하시고procuring eternal redemption"(버클리 역본), "우리의 영원한 구원을 확보하시고 securing our permanent deliverance"(굿스피드 역본), "영원한 구원을 얻으셔서having obtained an everlasting redemption"(코니베어 역본), 그리고 "우리를 영원히 자유롭게 할 값a price that frees us forever"(벡 역본) 을 치르셨습니다.

우리가 읽은 몇 개의 성경 구절들로부터 우리는 예수님께서 이 땅에 계셨을 때, 그분은 사탄을 대면하여 항상 그를 패배시키신 것을 보았습니다. 시험을 받을 때부터 십자가에서 자신을 드릴 때까지 예수님께서는 모든 경우에 사탄을 패배시키셨습니다. 예수님이 죽으시고 다시 살아나셨을 때, 예수님은 하늘의 지성소에 들어가셔서 우리를 위하여 영원한 구원을 얻으셨습니다. 다른 말로 하면 예수님께서 자기의 승리를 우리에게 넘겨주신 것입니다. 사탄과 그의 귀신의 군대들은 사람들을 가두어 두거나 왕으로 군림할 권리가 더 이상 없습니다. 예수님 때문에 우리는 패배한 원수를 상대할 수 있게 되었습니다!

폐위된 권세

사탄과 그의 통제 아래 있는 귀신의 군대는 아직도 "이 세상의 왕들"이라고 불릴 수는 있습니다만 기쁜 소식은 그들이 폐위되어서 다시는 다스리거나 통치할 권리가 없는 왕이라는 것입니다.

> 그러나 우리가 온전한(혹 장성한) 자들 중에서는 지혜를 말하노니 이는 이 세상의 지혜가 아니요 또 이 세상에서 없어질 통치자들의 지혜도 아니요   고전 2:6

모펫의 신약 역본은 우리에게 바울이 말한 것을 이해하는데 도움이 됩니다. 6절의 마지막 부분은 이렇게 말하고 있습니다. "… 이것은 이 세상의 지혜나 이 세상을 지배하는 폐위된 권세들의 지혜도 아닙니다."

사탄과 모든 귀신의 군대는 모두 폐위가 되었습니다! 당신이 이것을 아는 것은 대단히 중요합니다. "폐위"라는 단어는 "왕위나 권세의 자리나 우세한 위치에서 물러나다 : 퇴위시키다"라는 의미가 있습니다(메리암 웹스터 사전 10판). 사탄과 그의 귀신들은 그들의 권세의 자리에서 쫓겨났습니다.

많은 그리스도인들이 마귀와 문제를 가지고 있는 이유는 그들이 항상 자신들의 힘으로 마귀를 무찌르려고 하기 때문입니다. 그들은 성숙하지 못하기 때문에 마귀에 대하여 전쟁을 선포하기를 원합니다. 그들은 바울이 말하는 지혜가 없습니다. 하나님의 지혜를 가지고 있다면 당신은 사탄과 그의 귀신들이 이미 패배를 당했다는 것을 알고 있습니다. 전쟁은 이미 선포되었으며 예수님께서 승리하셨습니다!

당신이 권세라는 주제에 대하여 하나님의 지혜가 있다면 당신은 사탄이나 그의 귀신들을 조금도 두려워하지 않을 것입니다. 당신은 하나님께 감사할 수 있습니다. 마귀는 이미 폐위되었습니다!

당신의 권세를 아는 일

내 말을 잘 들어보십시오. 만일 사탄과 그의 귀신들이 폐위되었다면 왜 아직도 그들은 이 세상을 지배하고 있을까요? 왜냐하면 이 세상은 아직도 마귀가 폐위되었다는 사실을 모르고 있기 때문입니다. 이것이 바로 하나님께서 우리가 다른 사람들에게 복음을 전파하기를 원하시는 이유입니다.

예수님은 이렇게 말씀하시지 않았습니다. "너희는 세상에 가서 마귀를 폐위시켜라." 아닙니다! 예수님은 이렇게 말씀하셨습니다. "…너희는 가서 모든 족속에게 복음을 전파하라"(막 16:15). 복음이란 무엇입니까? 복음은 예수님께서 마귀를 폐위시키고 사람들을 영적인 죽음으로부터 해방시켰다는 것입니다!

사람들이 복음을 이해하게 되면 사탄은 그들을 더 이상 지배할 수 없습니다. 그렇지만 사람들이 이 사실을 알지 못하는 한 사탄은 폐위되었더라도 계속하여 세상을 지배할 것입니다. 사탄은 당신이 그리스도 안에 있는 자신의 권세를 아는 이상 당신을 더 이상 지배할 수 없습니다. 그러므로 당신이 복음을 다른 사람들에게 전파한다면 그들의 삶에서도 사탄은 더 이상 지배할 수 없게 됩니다!

감격스럽게 부르짖을 준비를 하십시오!

다시 골로새서 2장 15절은 "통치자들과 권세들을 무력화하여 드러내어 구경거리로 삼으시고 십자가로 그들을 이기셨느니라"라고 말하고 있습니다. 우리는 "무력화하여"라는 말 대신 사탄과 그의 귀신들이 무장해제 당하고 그들의 권세를 다 빼앗겼다고 말할 수 있습니다. 그리고 우리는 이미 히브리서 2장 14절에서 예수님께서 (영적) 죽음의 능력을 가진 자(사탄)의 권세를 패망시켰다고 말하고 있는 것을 읽었습니다.

> 자녀들은 혈과 육에 속하였으매 그도 또한 같은 모양으로 혈과 육을 함께 지니심은 죽음을 통하여 죽음의 세력을 잡은 자 곧 마귀를 멸하시며
> 히 2:14

예수님께서 우리를 위하여 행하신 일과 그 안에서 우리가 가진 권세에 대하여 완전히 감사할 수 있도록 이 성경 구절의 마지막 부분을 다른 번역본으로 살펴봅시다. 당신은 감격스럽게 부르짖을 준비가 되어 있습니까?

미국 표준 번역본은 "죽음으로써 그는 죽음의 권세를 가진 자를 아무 것도 아닌 것으로 하려고"라고 번역했습니다. 20세기 신약 본은 예수님께서 사탄을 "무력하게"하였다고 말하고 있습니다. 윌리엄스 역본은 예수님께서 사탄의 능력을 "정지시켰다"고 말하고 있습니다. 새 영어 성경 역본은 예수님이 죽으신 것은 "죽음을 통하여 그(사탄)의 권세를 부수기 위하여"라고 말하고 있습니다.

예수님께서 죽으신 것은 사탄을 "무효화하기" 위해서 였다고 말합니다(버클리 역본). "폐위된" 사탄(굿스피드 역본), "마비된" 사탄(로더햄 역본), "그를 뭉개다"(모펫 역본)로 각각 번역되었습니다.

여러분들은 어떤지 모르겠지만 내게는 큰 소리로 외칠 만한 이유가 됩니다! 예수님께서 마귀를 폐위시키고, 마비시키고, 박살내셨습니다! 사탄은 나와 나의 삶에 아무런 권세가 없습니다. 예수님께서 사탄의 능력을 깨뜨렸기 때문입니다! 하나님께 영광!

율법의 저주로부터 해방되다

사탄은 나에게 더 이상 권세가 없기 때문에 죄와 사망의 법은 내게 더 이상 권세가 없습니다. 이 말은 내가 가난, 질병과 영적인 죽음으로부터 자유롭게 되었다는 것을 의미합니다.

곧 우리가 원수 되었을 때에 그의 아들의 죽으심으로 말미암아 하나님과 화목하게 되었은즉 화목하게 된 자로서는 더욱 그의 살아나심으로 말미암아 구원을 받을 것이니라 그뿐 아니라 이제 우리로 화목하게 하신 우리 주 예수 그리스도로 말미암아 하나님 안에서 또한 즐거워하느니라 그러므로 한 사람으로 말미암아 죄가 세상에 들어오고 죄로 말미암아 사망이 들어왔나니 이와 같이 모든 사람이 죄를 지었으므로 사망이 모든 사람에게 이르렀느니라 죄가 율법 있기 전에도 세상에 있었으나 율법이 없었을 때에는 죄를 죄로 여기지 아니하였느니라 그러나 아담으로부터 모세까지 아담의 범죄와 같은 죄를 짓지 아니한 자들까지도 사망이 왕 노릇 하였나니 아담은 오실 자의 모형(예표)이라 그러나 이 은사는 그 범죄와 같지 아니하니 곧 한 사람의 범죄를 인하여 많은 사람이 죽었은즉 더욱 하나님의 은혜와 또한 한 사람 예수 그리스도의 은혜로 말미암은 선물은 많은 사람에게 넘쳤느니라 또 이 선물은 범죄한 한 사람으로 말미암은 것과 같지 아니하니 심판은 한 사람으로 말미암아 정죄에 이르렀으나 은사는 많은 범죄로 말미암아 의롭다 하심에 이름이니라 한 사람의 범죄로 말미암아 사망이 그 한 사람을 통하여 왕 노릇 하였은즉 더욱 은혜와 의의 선물을 넘치게 받는 자들은 한 분 예수 그리스도를 통하여 생명 안에서 왕 노릇 하리로다   롬 5:10-17

사도 바울은 이 성경 구절에서 육체의 죽음에 대하여 말하고 있는 것이 아닙니다. 그는 영적인 죽음에 대하여 말하고 있는 것입니다.

우리는 14절에서 그가 "그러나 아담으로부터 모세까지 아담의 범죄와 같은 죄를 짓지 아니한 자들까지도 사망이 왕 노릇 하였나니"라고 말하고 있기 때문에 그가 육체의 죽음에 대하여 말하고 있지 않은 것을 알 수 있습니다. 그렇지만 모세 이후에도 육체의 죽음은 사람들 위에 왕 노릇하여서 사람들은 계속하여 육체적으로 죽었던 것입니다. 그래서 우리는 바울이 육체의 죽음에 대하여 말하고 있지 않다는 것을 알 수 있습니다.

모세의 시대에는 율법이 죄를 드러낼 때 하나님께서는 레위 족 제사장을 두어서 사람들의 죄를 동물의 피를 흘림으로써 속죄 atonement-covering:덮도록 하도록 하였습니다. 영적인 죽음이 그들을 지배하거나 통치할 수 없었습니다. 이런 임시적인 속죄로 질병, 가난, 그리고 마귀에 속한 다른 모든 것들이 그들을 통치할 수 없었던 것입니다.

웨이머스 번역본은 17절을 다음과 같이 번역하고 있습니다. "만일 한 개인의 죄로 인하여 죽음이 한 개인을 잡아서 통제권을 행사했다면 하나님의 넘치는 은혜와 의의 선물을 받은 사람은 한 개인, 즉 예수 그리스도를 통하여 더욱 더 인생에서 왕 노릇 할 것입니다." 할렐루야!

우리는 영적인 죽음과 그에 따른 모든 것에 의하여 패배하곤 했었습니다. 그렇지만 하나님께 감사할 것은 이제 우리는 예수님께로 온 것입니다! 예수님을 알기 전에 우리는 패배자들이었습니다. 예수님을 알기 전에 우리는 정복당한 자들이었습니다. 예수님을 알기 전에는 지배를 당했었습니다. 그 당시에 우리는 마귀와 그의 귀신들이 패배 당했고 폐위당한 것을 몰랐던 것입니다. 그렇지만 하나님께 영광을 돌립시다. 지금은 이야기가 달라졌습니다!

이제는 패배당하는 대신 정복하고 다스리는 것입니다. 여러분과 나는 왕 노릇하는 것입니다! 전에는 우리가 영적인 죽음과 사탄에게 노예 노릇을 하던 곳에서 이제 우리는 그리스도 예수를 통하여 생명의 영역에서 왕 노릇하는 것입니다.

하나님은 우리에게 통치권을 주셨습니다

에베소서로 다시 가서 바울이 교회에 전하려고 애쓰는 소식이 무엇인지 다시 한 번 살펴보겠습니다. 나는 이것이 하나님께서 오늘날 교회에게 전하시려고 하는 소식이라고 생각합니다.

> 또 만물을 그의 발 아래에 복종하게 하시고 그를 만물 위에 교회의 머리로 삼으셨느니라 교회는 그의 몸이니 만물 안에서 만물을 충만하게 하시는 이의 충만함이니라   엡 1:22-23

미국 표준 번역본은 "그리고 그는 모든 것을 그의 발아래 복종하게 하였고 그를 모든 것들 위에 교회의 머리가 되게 하였습니다"라고 번역하였습니다. 다른 번역본에서는 "교회의 유익을 위하여"라고 말하고 있습니다. 나는 이것이 너무 좋습니다. 당신도 그렇지 않습니까?

하나님께서 세상과 거기 충만한 것들을 만드셨을 때, 하나님은 그의 사람인 아담을 만드셨습니다. 그리고 하나님은 이렇게 말씀하셨습니다. "아담아, 나는 내 손으로 만든 모든 것들을 다스릴 권세를 네게 준다."(창세기 1장을 참고하십시오.) 하나님께서는 모든 창조물들을 아담에게 주셨습니다. 그런데 아담은 그의 이 땅의 지배권을 포기하고 우리 모두를 팔아 넘겨버림으로써 그 지배권을 마귀에게 넘겨주었습니다. 아담은 그렇게 할 도덕적 권리는 없었지만 법적인 권리는 있었던 것입니다. 그리고 그는 그렇게 했습니다.

한마디로 말하면, 아담이 이 세상의 신god이었다고 말할 수 있습니다. 물론, 하나님만이 참된 신God입니다. 그렇지만 하나님께서 그의 손의 모든 작품을 아담에게 주셨으므로 우리는 하나님께서 그의 권세를 아담에게 위임하셨다고 말할 수 있습니다. 하나님께서 아담이 이 세상의 신으로 활동할 수 있도록 허락하신 것입니다.

그렇지만 고린도후서 4장 4절은 사탄이 이 세상의 신이라고 말하고 있습니다. 그러나 처음부터 그런 것은 아니었습니다. 아담이 이 세상의 신이었습니다. 그러면 어떻게 사탄이 이 세상의 신이 되었습니까? 아담이 죄를 지었을 때 사탄이 아담의 자리를 차지하였던 것입니다.

예수님께 부르짖었던 귀신들을 기억하십니까? "하나님의 아들이여 우리가 당신과 무슨 상관이 있나이까 때가 이르기 전에 우리를 괴롭게

하려고 여기 오셨나이까"(마 8:29). 그 귀신들은 아담의 타락으로 말미암아 자신들이 이 땅에 있을 권리가 있다는 것을 알고 있었습니다. 그들이 이 땅에 있는 것에 대하여 우리가 할 수 있는 것은 아무 것도 없습니다. 하나님께서 그들을 마귀와 함께 불과 유황 못에 던질 때까지 그들은 여기 있을 것입니다(계 20:10). 그렇지만 기쁜 소식은 우리는 그들의 통치 아래에 있을 필요가 없다는 것입니다.

하나님께서는 그의 손으로 하신 모든 것을 첫 아담에게 주셨습니다. 그리고 하나님께서는 둘째 아담, 그리스도가 하신 것을 교회에게 주셨습니다. 우리는 이 땅에서 다시 한 번 통치하고 왕 노릇할 권세를 받았습니다! 에베소서 1장 22절은 하나님께서 모든 만물을 그리스도의 발아래 복종하게 하셨다고 말하고 있습니다. 그의 발아래에 몇 가지를 두셨다고요? 모든 것을 두셨습니다! 하나님께서 그리스도의 발아래에 모든 것을 복종하게 하신다는 것입니까? 아닙니다! 성경은 하나님께서 이미 복종하게 하셨다고 말하고 있습니다. 과거형입니다. 하나님께서 이미 그렇게 하셨습니다!

왜 하나님께서 이런 일들을 하셨습니까? 만물을 채우는 그의 충만함인 교회에 유익을 주기 위하여 그렇게 하셨습니다! 할렐루야! 만일 당신이 내가 말하는 것을 정말 이해한다면 사람들은 당신이 지르는 기쁨의 함성을 두 블럭이나 떨어진 곳에서도 들을 수 있을 것입니다! 이 성경 구절의 진리가 당신에게 임할 때, 우리는 소리를 듣게 될 것인데 다름이 아닌 바로 당신의 외침일 것입니다! 하나님께 영광을 돌립니다!

항상 우리가 승리하게 하십니다

고린도후서 2장을 볼 여러분은 다시 소리 지를 준비를 하는 것이 좋을 것입니다.

> 항상 우리를 그리스도 안에서 이기게 하시고 우리로 말미암아 각처에서 그리스도를 아는 냄새를 나타내시는 하나님께 감사하노라 우리는 구원받는 자들에게나 망하는 자들에게나 하나님 앞에서 그리스도의 향기니
> 고후 2:14-15

사도 바울을 통하여 성령님은 우리가 이미 사탄의 세력에 대하여 승리하였다고 말하고 있습니다. 예수님께서 이미 모든 적의 세력에게 승리하셨기 때문에 승리는 그분 안에서 우리의 것입니다.

이것을 코니베어의 번역본으로 다시 보겠습니다. 나는 이것이 정말 좋다고 생각합니다.

> 그리스도의 적(여기서 적은 귀신들이지 사람들이 아닙니다)에 대한 그의 승리를 축하하기 위하여 그의 승리의 기차를 타게 하시고 여기저기로 나를 인도하시는 하나님께 감사합니다. 그리고 나를(사람들) 통하여 그에 대한 지식을 온 세상으로 향기로운 향료의 연기를 보내시는 하나님께 감사합니다. 내가 하나님께 올려드리는 향기는 그리스도의 향기이기 때문입니다…
> 고후 2:14(코니베어 역본)

이러한 사실에 비추어 볼 때 마귀와 그의 역사에 대한 우리의 태도는 어떠해야 하겠습니까? 우리의 태도는 예수님의 태도와 같아야 합니다. 요한일서 3장 8절은 "예수님이 오신 것은 마귀의 일을 멸하기 위하여"라고 말하고 있습니다. 우리는 이 땅에서 예수님을 대신하는 것입니다. 그는 머리이고 우리는 그의 몸입니다. 우리는 그를 대신하여 행동해야 합니다. 그는 우리의 적을 무찌른 분이시며 우리는 그분의 발자취를 따라야 합니다! 하나님의 구원 계획의 충만함에 들어간 모든 사람들, 즉 계시된 복음의 좋은 소식을 온전히 받아들인 사람은 누구나 사탄의 권세에 대하여 예수님의 이름으로 주인이 되는 것입니다.

믿는 자의 권세는 나라들을 변화시킵니다

레마의 교정에서 열렸던 한 겨울 성경 세미나 때, 우리는 전 동독에서 온 다섯 명의 목사들을 소개하였습니다. 레마의 1학년에 독일에서 온 학생이 한 명 있어서 목사의 말을 통역했습니다.

이 목사는 내가 쓴 몇 개의 책, 특별히 「믿는 자의 권세」가 서독에서 출판되어서 그 당시에는 동독으로 밀반입되었었다고 말했습니다. 그는 이렇게 말했습니다. "이전에는 우리는 우리 정부를 위하여 기도하지 않았습니다. 우리는 억압 아래 살면서 항상 불평하고 불만을 하며 살았습니다. 그렇지만 믿는 자로서의 우리의 권세에 대하여 읽은 후에 우리의 지도자들이 공산주의자들이었지만 우리는 그들을 위하여 기도하기 시작했습니다. 그 책을 손에 넣었을 때 우리는 이렇게 말하기 시작했습니다. '우리가 정부를 변화시키게 될 것이다.'"

그들이 정부를 변화시킨 것을 우리는 보고 있습니다. 그들에게 속한 것들이 무엇인지 알고 행사하기 시작할 때 상황들이 변화하기 시작한 것입니다. 그리스도 안에서 우리가 누구인지에 대한 온전한 계시가 올 때에 변화가 시작됩니다.

나는 만일 우리가 「믿는 자의 권세」라는 책을 공산국가에 들어가게 할 수만 있다면, 그 나라들이 변화하기 시작할 것이라고 말했었습니다. 그리고 믿는 자들은 그리스도 예수 안에서 왕 노릇하기 시작할 것입니다.

정복자로서의 우리의 자리를 차지하기

오늘날 우리의 태도는 어떠해야 합니까? 우리가 어둠의 세력에 비겁하게 순복해야 합니까? 우리가 사탄의 통치에 복종해야 합니까? 아닙니다. 우리는 예수의 이름으로 일어나서 전능하신 하나님의 아들과 딸로서의 자리를 차지해야 합니다. 할렐루야!

우리로 하여금 빛 가운데서 성도의 기업의 부분을 얻기에 합당하게 하신 아버지께 감사하게 하시기를 원하노라 [이 말은 아버지께서 그

기업의 부분을 누릴 수 있는 능력을 우리에게 주셨다는 뜻입니다.]
그가 우리를 흑암의 권세에서 건져내사[과거 시제] 그의 사랑의 아들의 나라로 옮기셨으니[과거 시제] 그 아들 안에서 우리가 속량 곧 죄 사함을 얻었도다   골 1:12-14

13절에서 "권세"라고 번역된 헬라어는 권위를 의미합니다. 예수님이 하신 모든 일들을 통하여 하나님께서는 우리를 어둠의 권세 – 귀신들과 마귀의 권세와 사탄의 왕국 – 로부터 건져내셨습니다.

코니베어 역본은 이렇게 말하고 있습니다. "그가 우리를 어둠의 통치로부터 건져내시고 우리를 그의 사랑하는 아들의 나라로 옮기셨느니라. 그 안에서 우리가 속량 즉 우리 죄의 용서함을 얻었느니라."

우리 안에는 하나님의 능력과 하나님의 지혜가 있습니다. 시편 27편 1절은 이렇게 말하고 있습니다. "여호와는 나의 빛이요 나의 구원이시니 내가 누구를 두려워하리요 여호와는 내 생명의 능력이시니 내가 누구를 무서워하리요?"

당신은 사도 바울이 로마 사람들에게 이렇게 말하는 것을 들을 수 없습니까? "이 모든 일에 우리를 사랑하시는 이로 말미암아 우리가 넉넉히 이기느니라 (우리는 이 모든 일에서 우리를 사랑하여 주신 그분을 힘입어서 이기고도 남습니다: 표준 개정판)." 환경이나 그를 향한 공격과는 상관없이 바울은 믿는 자로서의 권세를 이해하고 있었습니다!

그런즉 이 일에 대하여 우리가 무슨 말 하리요 만일 하나님이 우리를 위하시면 누가 우리를 대적하리요 자기 아들을 아끼지 아니하시고 우리 모든 사람을 위하여 내주신 이가 어찌 그 아들과 함께 모든 것을 우리에게 주시지 아니하겠느냐 누가 능히 하나님께서 택하신 자들을 고발하리요 의롭다 하신 이는 하나님이시니 누가 정죄하리요 죽으실 뿐 아니라 다시 살아나신 이는 그리스도 예수시니 그는 하나님 우편에 계신 자요 우리를 위하여 간구하시는 자시니라 누가 우리를 그리스도의 사랑에서 끊으리요 환난이나 곤고나 박해나 기근이나 적신이나 위험이나 칼이랴 기록된 바 우리가 종일 주를 위하여 죽임을 당하게 되며 도살 당할 양 같이 여김을 받았나이다 함과 같으니라 그러나 이 모든 일에 우리를 사랑하시는 이로 말미암아 우리가 넉넉히 이기느니라 내가 확신하노니 사망이나 생명이나 천사들이나 권세자들이나 현재 일이나 장래 일이나 능력이나 높음이나 깊음이나 다른 어떤 피조물이라도 우리를 우리 주 그리스도 예수 안에 있는 하나님의 사랑에서 끊을 수 없으리라 롬 8:31-39

바울은 이 땅에 있는 어떤 것이나 혹은 땅 아래 있는 것이라도 - 어떤 권세나 주권자라도 - 그리스도 안에 있는 하나님의 사랑으로부터 그를 끊을 수 없다는 것을 알았습니다. 그리스도 안에 있다는 것이 무엇입니까? 믿는 자를 위한 권세입니다! 하나님은 우리를 너무 사랑하셔서 그리스도를 통하여 우리에게 적의 모든 능력을 능가하여 그들을 다스리고 왕 노릇 할 수 있는 권세를 주셨습니다!

그러므로 너희가 그리스도와 함께 다시 살리심을 받았으면 위의 것을 찾으라 거기는 그리스도께서 하나님 우편에 앉아 계시느니라 위의 것을 생각하고 땅의 것을 생각하지 말라 골 3:1-2

만일 당신이 거듭났다면, 당신은 그리스도와 함께 살아난 것입니다. 그리고 만일 당신이 그리스도와 함께 살아났다면, 당신은 영적으로 살아난 것입니다. 영적으로 말하면, 전에는 당신은 죽었었지만 하나님께서 당신을 살리셨습니다!

그는 허물과 죄로 죽었던 너희를 살리셨도다 그 때에 너희는 그 가운데서 행하여 이 세상 풍조를 따르고 공중의 권세 잡은 자를 따랐으니 곧 지금 불순종의 아들들 가운데서 역사하는 영이라 전에는 우리도 다 그 가운데서 우리 육체의 욕심을 따라 지내며 육체와 마음의 원하는 것을 하여 다른 이들과 같이 본질상 진노의 자녀이었더니 긍휼이 풍성하신 하나님이 우리를 사랑하신 그 큰 사랑을 인하여 허물로 죽은 우리를 그리스도와 함께 살리셨고 (너희는 은혜로 구원을 받은 것이라) 또 함께 일으키사 그리스도 예수 안에서 함께 하늘에 앉히시니 엡 2:1-6

우리를 그리스도와 함께 하늘의 자리에 앉도록 그와 함께 살아나게 하신 것입니다. 지금은 그것이 우리의 법적인 영적 위치입니다. 우리는 하늘에서 그리스도와 함께 앉아서 지배하며 왕 노릇 하는 것입니다! 그리고 우리에게 이 소식을 세상과 나누라고 요구하고 계십니다. 왜냐하면 이 소식은 사탄의 포로가 되어 있는 사람들을 건져낼 것이기 때문입니다. 할렐루야!

포로 된 자들에게 자유를 전파하라

나는 여러분들이 누가복음 4장에서 아주 흥미로운 것을 발견하기 바랍니다. 예수님께서 그의 고향에서 회당에 들어가실 때 이사야서에서 읽었던 일을 기억하고 계십니까?

> 예수께서 그 자라나신 곳 나사렛에 이르사 안식일에 늘 하시던 대로 회당에 들어가사 성경을 읽으려고 서시매 선지자 이사야의 글을 드리거늘 책을 펴서 이렇게 기록된 데를 찾으시니 곧 주의 성령이 내게 임하셨으니 이는 가난한 자에게 복음을 전하게 하시려고 내게 기름을 부으시고 나를 보내사 포로 된 자에게 자유를, 눈 먼 자에게 다시 보게 함을 전파하며 눌린 자를 자유롭게 하고 주의 은혜의 해를 전파하게 하려 하심이라 하였더라   눅 4:16-19

18절에서 예수님께서 하나님으로부터 기름부음을 받아서 할 일이 무엇이었는지 주의해 보십시오. 포로 된 자에게 자유를 전파하는 것이었습니다. "포로 된 자에게 자유가 주어지도록 기도하라"고 말하고 있지 않은 것을 주목하십시오. 기도의 능력은 중요하기 때문에 내가 기도의 능력을 적게 말하고 있는 것이 아닙니다. 그렇지만 우리는 어떤 것을 지나치게 강조하고 잘못된 해석을 합니다. 하나님의 말씀은 우리에게 기도하라고 하지 않고, 포로 된 자에게 자유를 선포하라고 말하고 있습니다.

나는 사역을 시작한 지 56년 만에야 이것을 주의하여 보게 되었습니다! 가끔 우리는 우연히 무엇을 배우게 되기도 합니다! 이런 것을 발견하는 데는 특별히 머리가 좋을 필요도 없습니다. 예수님께서 인류를 이미 사탄의 능력으로부터 건져내셨으므로 우리는 나가서 그 구원의 기쁜 소식을 전파하도록 되어 있습니다! 우리는 구원을 받았습니다! 할렐루야!

정신병자들에게 구원을 전파하기

나는 사역 기간 중에 많은 정신 문제를 가진 사람들에게 사역을 하였으며 그들은 구원을 받았습니다. 특별히 내가 사역을 할 때 그 당시 주 정부의 정신병원에 있던 환자들이었던 일곱 명에 대해서 말하려고 합니다. 나는 일곱 명 중에 여섯 명이 나은 것을 직접 알고 있습니다. 나는 개인적으로 그 남은 한 사람도 나은 것을 압니다만 그 사람에 관한 소식을 그 후로 듣지는 못했습니다.

물론 지나고 나면 상황을 훨씬 분명하게 볼 수 있습니다. 이 일곱 명에게 사역을 한 후에 말씀에서 어떤 것들을 읽어 본 후 나는 이런 것들에 대하여 조금 더 이해할 수 있게 되었습니다.

어떤 사람들은 그들의 마음을 완전히 잃어버렸습니다. 마음이 완전히 지배당하고 있는 사람들에게는 설교가 들어갈 수 없습니다. 그렇지만 당신이 사람들에게 말을 할 수가 있다면 구원만 설교하십시오! 무슨 뜻인지 내가 설명하겠습니다.

1953년 텍사스주 달라스에서 집회를 하고 있는데, 한 부인이 그곳에서 35마일 쯤 되는 텍사스주 테럴이라는 곳에 있는 주립 정신병원에 입원해 있는 자기 언니에 대하여 이야기를 했습니다. 그 당시에는 이런 기관들을 미친 사람 수용소insane asylum라고 불렀습니다. 이 부인은 언니가 그곳에 14년 동안 있었다고 했습니다.

의사는 그 부인에게 이렇게 말했습니다. "당신의 언니는 항상 이런 기관에서 돌봄을 받아야 합니다. 그렇지만 당신의 언니는 당신이 말하는 것을 이해할 만큼은 정신이 있습니다."

그 부인은 언니를 데리고 와서 낮에 있는 성경공부 시간에 앉혀 놓겠다고 내게 말했습니다. (그 부인은 병원으로부터 단기간 언니를 데리고 나올 수 있는 허락을 받았습니다.) 그래서 그 부인은 그 수용소에 14년간 있었던 언니를 데리고 왔습니다. 심리학자들과 정신과 의사들은 그 여자가 항상 이런 기관의 보호를 받아야 한다고 말했습니다.

그 언니는 거기 앉아서 열 번의 성경 말씀을 들었습니다. (그 여자는 말하는 것을 이해할 만큼 정신이 있었던 것을 기억하십시오.) 나는 그 여자를 위하여 기도한 적이 없습니다. 그 여자에게 안수도 하지 않았지만 그 여자는 완전히 자유함을 받았습니다. 나는 그냥 구원에 대하여 설교를 하였습니다! 그 여자는 주립 정신병원에 환자로 있었습니다만 지금은 자유롭게 되었습니다.

그 부인은 언니를 그가 있던 병원으로 데리고 갔습니다. 같은 심리학자들과 정신과 의사들은 그들이 할 수 있는 모든 시험을 한 후 그 여자가 건강하다는 의견을 밝혔습니다.

그들은 그 여자를 퇴원시켰으며 정신병원에 14년간 있던 여자를 집으로 보냈습니다. 주님을 찬양합니다!

나는 그런 일을 한 번 이상 경험했습니다. 그냥 말을 해서 알아들을 수 있는 사람들에게는 구원의 복음을 전파하십시오. 그러면 그들이 알아들을 것입니다. 그렇지만 알아들을 수 없는 사람들에게는 성령의 특별한 나타나심이 필요합니다. (고린도전서 12장을 참고하십시오.) 그런 성령의 나타나심을 당신 스스로 만들어 낼 수는 없습니다.

성령의 나타나심

내가 사역을 했던 이 일곱 명의 정신병자들 중 한 사람에 대해서 성령님께서는 나에게 이렇게 말씀하셨습니다. "그 여자 앞에 서서 이렇게 말하여라. '예수 그리스도의 이름으로 너 더러운 영아 나오라. 여인이여, 온전하게 될지어다!" 내가 그렇게 말했고, 귀신은 나왔고, 그 여자는 온전하게 되었습니다!

그들은 "이 여자의 정신은 결코 온전해지지 않을 것입니다"라고 말했던 정신과 의사에게 그 여자를 데리고 갔습니다. 그 의사는 그 여자가 건강하다고 판정한 후 집으로 돌려보냈습니다. 19년이 지난 후에도, 그 여자는 한 교회에서 주일학교를 가르치고 있었고 회사에서 경리로 일하고 있었습니다. 할렐루야!

그 여자의 정신이 완전히 귀신에 의하여 점령을 당하고 있었기 때문에 나는 설교로서는 그 여자에게 다가갈 수 없었습니다. 나는 성령으로 그 여자에게 사역을 하도록 인도 받았으며 그 여자는 그런 식으로 자유롭게 되었습니다. 대부분의 경우 당신이 그냥 말씀을 전하고 자유를 선포하면, 포로 된 자들은 자유를 얻게 될 것입니다.

말씀 설교는 사람들을 자유롭게 합니다

나는 최근에 레마의 동창회 모임에 참석했던 한 레마 졸업생으로부터 편지를 받은 일이 있습니다. 그는 졸업 후 이번에 처음으로 동창회 모임에 참석했다고 합니다. 그의 편지에서 그는 졸업 후에 사역을 하려고 나갔지만 다람쥐가 쳇바퀴만 돌리는 것 같았고 성취하는 일이 별로 없어보였다고 했습니다. 그는 상당히 낙심한 상태가 되어 사역을 포기할 생각을 했었다고 내게 말했습니다. 그는 이렇게 말했습니다.

"그렇지만 동창회에 참석해서 나는 하나님으로부터 새로운 기름부음과 방향제시를 받았습니다. 돌아간 후에 나의 일은 세 배나 늘었고 지금도 계속 성장하고 있습니다."

"내가 있는 이 지역에 그렇게 많은 사람들이 마술에 관계하고 있는지를 나는 몰랐습니다. 그렇지만 우리는 거리로 나가서 사람들에게 간증을 하기 시작했습니다. 우리는 그들이 구원을 받게 하였고 마술에서 해방되게 하였습니다."

"우리는 사람들에게서 귀신을 쫓아낸 일은 거의 없었습니다. 우리는 그들에게 말씀이 들어가도록 했을 뿐이었습니다. 그들이 거듭났을 때 모든 귀신들은 떠나갔습니다."

구원deliverance을 설교하십시오! 사람들이 해방되었음을 알게 되었을 때, 그들은 자유를 이용할 수 있는 것입니다. 자유를 이용할 수 없는 사람들은 여러분이 도와주어야 합니다. 그 때 성령님이 여러분을 도와주실 것입니다.

특별한 믿음의 나타남

나는 자기 어머니를 우리 교회에 모셔왔던 한 여인을 기억합니다.

어머니는 67세였고 주립기관인 정신병원에 2년간 입원해 있었습니다. 그 여자는 65세에 정신을 잃었고 의사들은 그 여자가 결코 바른 정신을 갖게 될 수 없을 것이라고 말했었습니다. 의사들은 세 딸에게 그들 중 한 사람이 어머니를 집에서 모실 수 있다면 주 정부에서 기금을 줄 것이라고 했습니다. 의사들은 이렇게 말했습니다. "당신의 어머니는 기관에서 하는 치료는 별로 효과가 없고 앞으로도 기대를 하지 않습니다. 그렇지만 당신의 어머니를 집에서 보양한다면 이런 기관의 치료에 효과를 보게 될 다른 환자를 위하여 자리를 내어 주는 것입니다."

그래서 이 딸은 우리가 목회를 하던 교회에 그 어머니를 모시고 왔습니다. 여러 사람이 한참 동안이나 그 여자를 위해 기도했지만 우리는 그 여자에게 영향을 미치지 못했습니다. 다른 말로 하면, 그 여자는 제정신이 아니었습니다.

딸은 우리에게 자기 아버지가 항상 자신이 무신론자라고 주장하는 사람이었다고 말했습니다. 그는 하나님이 계시다는 것을 믿지 않았습니다. 그녀의 어머니는 불가지론자였습니다. 그녀는 하나님이 계실 수는 있으나 그렇다고 하더라도 자기는 하나님을 알 수 없다는 것이었습니다. 그래서 그 딸은 교회에서 성장하지 못했습니다.

그들은 아이들로서 하나님이나 성경에 대하여 들어보지도 못하고 자랐습니다. 그렇지만 이 딸은 결혼한 후 구원받고, 성령 충만 받고, 순복음 교회의 교인이 된 것입니다.

그 딸은 이렇게 말했습니다. "나는 어머니에게 하나님에 대하여 한 두 번 이야기하려고 했습니다. 내가 하나님을 믿기 원한다면 믿어도 좋다고 했습니다. 그렇지만 어머니와 아버지에게는 예수님이나 성경이나 하나님에 대하여 말하지 말라고 했습니다."

그런데 이제 그 어머니는 제정신이 아닙니다. 마음mind은 심령heart으로 들어가는 문입니다. 예수님은 이렇게 말씀하셨습니다. "볼지어다 내가 문 밖에 서서 두드리노니 누구든지 내 음성을 듣고 문을 열면 내가 그에게로 들어가…"(계 3:20). 그 어머니는 구원을 받지 못했고 67세였습니다. 사람들은 이 땅에서 영원히 살지 못합니다. 사람들은 결국은 다 죽게 되는 것입니다. 그리고 이제 이 여인도 죽으면 지옥에 가게 되어 있지만 우리는 이 여자에게 아무런 영향을 끼칠 수 없었습니다. 이 여인은 우리가 하는 말을 이해하지 못했습니다. 이 여인은 앞뒤가 맞지 않는 이상한 말로 소음을 낼 뿐이었습니다.

나는 내가 자유롭게 하는 말씀을 가지고 있다는 것을 알고 있지만 그 여자가 알아들을 수 있도록 할 수가 없었습니다. 나는 열쇠를 가지고 있었지만 사용할 수가 없었습니다. 무슨 말인지 아시겠지요? 나는 성령의 나타나심이 필요하였습니다. 그렇지 않으면 나는 이 여자를 도와줄 수 없었습니다. 그래서 우리는 기도했습니다.

당신이 말씀을 통해 받은 믿음으로 언제나 다른 사람을 위하여 역사하게 할 수는 없습니다. 만일 당신이 항상 하나님을 믿을 수 있고 다른 사람들에게 당신이 원하는 것을 하게 할 수 있다면 나는 여기 있는 모든 사람들이 내게 백 불짜리를 주게 할 수 있을 것입니다! 아닙니다. 내 의지대로 내가 다른 사람을 강요할 수 없듯이 당신도 당신의 의지대로 나를 강요할 수 없습니다. 당신의 남편이나 부인 혹은 다른 사람들에게도 마찬가지입니다. 당신도 물론 이런 사실을 당연히 인정할 것입니다.

다시 그 어머니에 대한 이야기로 돌아갑시다. 우리는 그날 오후에 상당히 오랫동안 기도를 했습니다. 결과는 없었습니다. 아무런 성령의 나타나심도 없었습니다. 우리는 그 여자에게 아무런 영향을 미치지 못했습니다. 그 여자는 그냥 거기 앉아서 손가락만 만지작거리면서 알 수 없는 말을 중얼거리고 있었습니다.

그 딸은 집에 가서 남편의 저녁 식사를 준비해야 한다고 말했습니다. 그 여자는 일어나서 코트를 입으면서 나의 아내와 대화를 하고 있었습니다. 그 어머니는 우리 집 거실의 안락의자에 앉아있었습니다. 나는 그 여자 옆에 앉아 있었습니다. 그 여자 바로 옆에 앉지 않으면 그 여자가 중얼거리는 소리를 들을 수 없습니다. 내가 그 여자의 중얼거리는 소리를 들었을 때 나의 심령이 그 여자에게로 쏠렸습니다. 나는 이렇게 말했습니다. "주님, 왜 내가 이 여자를 도와줄 수 없습니까? 이 여자는 죽을 것이고 숙어서는 시옥에 가야 합니다. 나는 이 여자가 65년이나 기회가 있었다는 것을 알고 있습니다. 이 여자는 기회가 있었지만 거절했었습니다. 이 여자는 자신 외에는 다른 사람을 탓할 수도 없습니다. 나도 그것을 알고 있습니다."

나는 나의 아내와 그 딸의 대화에는 아무 관심을 기울이지 않고 있었습니다. 왜냐하면 나는 이 불쌍한 여인을 돕는 일에 집중하고 있었기 때문입니다. 마침내 그 딸이 의자 쪽으로 오더니 어머니 어깨를 붙잡고 흔들면서 이렇게 말했습니다. "엄마, 일어나세요. 어서 일어나세요. 가야 돼요. 나는 집에 가서 저녁 식사를 준비해야 해요."

그 어머니는 머리를 흔들며 눈을 껌벅거렸습니다. 그러고 나서 그 날 한 말 중에 유일하게 말이 되는 단 한마디를 하였습니다. 그 여자는 나를 돌아보면서 이렇게 물었습니다. "내가 좀 나아질까요?"

그 여자가 그 말을 했을 때 성령이 내게 오셨습니다. 나는 무슨 일이 일어나고 있는지 확실히 알았습니다. 나는 이런 일이 일어난 것을 여러 번 보았습니다. 이것은 나의 믿음이 아니라 특별한 믿음의 나타나심, 즉 특별한 믿음의 초자연적인 나타나심이었습니다. 내가 한 일이라곤 그 여자를 손가락으로 가리키면서 이렇게 말한 것뿐입니다. "물론입니다. 당신은 예수 그리스도의 이름으로 나을 것입니다."

삼 일 후 그 여자의 마음은 완전하게 분명하여졌고, 그 여자는 완쾌되었습니다. 주님, 감사합니다!

기관에 입원 중이던 여섯 사람 중에 오직 두 사람만이 성령의 나타나심으로 자유함을 얻게 되었습니다. 다른 네 사람은 우리가 하나님의 말씀을 그 사람들 안에 넣을 때 자유함을 얻었습니다.

그렇지만 나는 다른 사람들이 어디에서 잘못되었는지 보여 주려고 합니다. 그들은 두 사람에게 초자연적으로 일어났던 일이 다른 사람들에게도 일어나도록 하려고 했습니다. 아닙니다. 만일 사람들이 당신이 하는 말을 알아들을 수 있다면 그 사람들 스스로 행동해야 됩니다. 당신이 그들 대신 행동을 할 수 없는 것입니다. 그러므로 자유롭게 함을 전파하십시오!

당신이 전하는 말을 사람들이 듣게 할 수 없다면 당신은 그들을 도울 수 없습니다. 죄인이 구원의 말씀을 듣기를 거절하는 것과 마찬가지입니다. 들으려고 하지 않는다면 당신은 그런 사람을 도와줄 수 없습니다. 그렇지만 듣기를 바란다면, 당신은 죄로부터 자유롭게 되는 구원의 복음을 전파할 수 있고 그 사람을 거듭나게 할 수 있는 것입니다!

영적 전쟁의 이해

사람들이 잘못되는 또 다른 것은 영적 전쟁 분야입니다. 오늘날 "마귀와 전쟁을 하고 있는" 사람들에게 많은 일들이 일어나고 있습니다. 우리가 마귀와 전쟁을 해야 할 필요가 있는지 나는 모르겠습니다. 왜냐하면 마귀는 이미 패배를 당했기 때문입니다! 그냥 마귀에게 그렇게 말하고, 사람들에게는 계속하여 자유롭게 됨을 전파하십시오. 사람들은 자유를 얻게 되고 그들이 얻은 구원의 빛 가운데서 살게 될 것입니다.

이렇게 크게 말하십시오. "사탄은 패배한 원수다. 예수님이 승리자다. 나는 승리하신 예수님께서 내 안에 살고 있기 때문에 나는 승리를 가지고 있다. 예수님은 나의 승리다."

요한복음 8장 36절은 이렇게 말합니다. "그러므로 아들이 너희를 *자유롭게 하면 너희가 참으로 자유로우리라.*" 예수님께서 여러분을 무엇으로부터 자유롭게 하셨습니까? 예수님은 모든 마귀의 것으로부터 여러분을 자유롭게 하셨습니다.

어떤 사람은 이렇게 말할 수도 있습니다. "예수님께서 나를 자유롭게 하셨다면 왜 나의 삶에 자유가 없습니까?"

그것은 당신이 그것에 대하여 들은 적이 없어서 모르기 때문이거나 들었어도 믿지 않았기 때문입니다. 하나님의 말씀을 부정하면서 하나님의 말씀의 결과를 수확할 수는 없습니다. 당신이 하나님의 말씀과 한편이 되어야 합니다.

사람들이 하나님과 반대편에 서 있으면서 어떻게 하나님께서 그들을 위해 역사하게 할 수 있다고 생각하는지 나는 이해할 수가 없습니다. 말씀의 반대편에 선다는 것은 하나님을 반대하는 것입니다. 당신과 당신의 말이 하나인 것과 마찬가지로 하나님과 그분의 말씀은 하나입니다.

사람들이 어떤 사람에 대하여 이렇게 말하는 것을 당신은 들어 보았을 것입니다. "그 사람이 말하는 것은 하나도 믿을 것이 없습니다." 그렇지만 당신은 어떤 사람이 이렇게 말하는 것을 들어본 적이 없을 것이라고 생각합니다. "그 사람의 말은 십 원어치 가치도 없지만 그 사람은 당신이 만난 사람들 중에 가장 훌륭한 사람일 것입니다." 아닙니다. 그것은 모순입니다. 만일 사람의 말이 좋지 못하면 그 사람은 좋지 못한 것입니다. 그는 믿을 수 없고 신뢰할 만하지 못한 사람입니다.

하나님의 말씀이 좋지 못하다면 하나님이 좋지 못한 것입니다. 그렇지만 하나님께 감사합시다. 하나님은 좋으신 분이며 그분의 말씀도 좋습니다!

만일 당신도 나만큼 오래 살았다면 당신은 같은 운동이 가끔씩 일어나는 것을 보았을 것입니다. 불행하게도 사람들은 한 문제에 대하여 이쪽으로나 저쪽으로 치우치는 경향이 있습니다. 다른 말로 하면, 어떤 주제에 관하여 사람들이 극단으로 치우친다는 말입니다. 우리가 모든 주제에 있어서, 특히 영적 전쟁이란 주제에 대해서도 도로의 중앙에 머물러 있는 것이 중요합니다.

나는 여러분이 영적 전쟁과 사탄의 세력을 능가하는 권세에 대하여 말씀이 무엇이라고 말하고 있는지 알아보기를 권합니다. 믿는 자로서의 당신의 권세와 하나님의 말씀을 따라 그 권세를 행사하는 것에 관하여 하나님께서 무엇이라고 말씀하시는지 찾아서 길의 중앙에 머무르십시오.

부록 02

정신 이상에 대한 믿는 자의 권세
The Believer's Authority Over Mental Illness

[이 말씀은 케네스 이 해긴 목사님이 2000년 1월 25일 플로리다주 마이애미에서 가르치신 것입니다. - 편집자 주]

믿는 자의 권세에 대하여 가르칠 때 우리는 기도에 대하여서도 가르쳐야 합니다. 왜냐하면 기도에 있어서의 우리의 권세를 이해하는 것은 믿는 자로서 우리가 가진 전체적인 권세를 이해하는 데 아주 중요하기 때문입니다. 기도에 대하여 가르칠 때마다 내가 항상 사용하는 두 가지 중요한 성경 구절이 있습니다. 하나는 에베소서 6장 18절이고, 다른 하나는 요한복음 15장 7절입니다.

모든 기도와 간구를 하되 항상 성령 안에서 기도하고 이를 위하여 깨어 구하기를 항상 힘쓰며 여러 성도를 위하여 구하라　엡 6:18

너희가 내 안에 거하고 내 말이 너희 안에 거하면 무엇이든지 원하는 대로 구하라 그리하면 이루리라　요 15:7

요한복음 15장 7절은 놀라운 구절입니다. 그렇지 않습니까? 이 구절은 당신이 기도에 매번 응답받을 수 있는 방법을 말해주고 있습니다. 첫째, 예수 안에 거하라. 둘째, 그의 말씀이 당신 안에 거하게 하라. 그렇게 되면 당신이 무엇을 구하든지 당신에게 이루어질 것입니다!

어떻게 당신이 예수님 안에 거할 수 있습니까? 거듭남으로 할 수 있습니다. 그리스도 안에서 새로운 피조물이 됨으로써 할 수 있습니다. 어떻게 그의 말씀이 당신 안에 거하게 합니까? 하나님의 말씀을 묵상하고 그 말씀에 즉시 순종하면 됩니다.

우리가 하나님의 말씀으로부터 가르치거나 설교하는 것은 무엇이든지 요한복음 15장 7절에 나오는 "내 말"의 범주에 속하는 것입니다. 하나님의 말씀은 예수님이 말씀하시는 "내 말"입니다.

하나님의 말씀으로부터 내가 가르치려는 것이 "권세"라는 주제입니다. 많은 그리스도인들이(심지어 사역을 수년 동안이나 하고 있는 사람들도) 믿는 자로서 우리가 가진 권세에 대하여 잘 모르고 있습니다. 그렇지만 우리 안에 권세에 대한 하나님의 말씀이 거하도록 하면 우리가 그 말씀을 따라 무엇을 구하든지 우리에게 이루어지게 될 것입니다! 할렐루야!

나는 정신병에 관련이 되어 있는 귀신의 영들demon spirits에 대한 권세에 대하여 말하려고 합니다. 사람이 그의 마음mind과 몸에는 귀신의 영향을demonic influence 받을 수 있어도 그의 영은 귀신에게 사로잡힐demon-possessed in spirit 수 없다는 것에 대하여 가끔 그리스도인들이 혼돈하고 있습니다.

거듭난 그리스도인은 아무도 그의 영에 귀신을a demon in his or her spirit 가질 수 없습니다. 그것은 불가능한 것입니다. 왜냐하면 고린도후서 5장 17절은 이렇게 말하고 있기 때문입니다. "그런즉 누구든지 그리스도 안에 있으면 새로운 피조물이라 이전 것은 지나갔으니 보라 새 것이 되었도다."

고린도후서는 몸이나 겉사람이 새것이 되었다고 말하는 것이 아닙니다. 만일 당신이 거듭날 때 대머리였다면 당신은 그 후에도 그냥 대머리로 있는 것입니다. 겉사람은 변하지 않습니다. 이 구절은 속사람inward man 혹은 사람의 영the spirit of man이 새로운 것이 되는 것에 대하여 말하고 있습니다. 만일 당신이 거듭났다면 성령이 당신의 영in your spirit에 거하시는 것입니다. 하나님의 영Spirit이 당신의 영your spirit에게 당신이 하나님의 아들인 것을 증언하고 있습니다(롬 8:16).

성령님은 마귀와 같은 곳에 거하지 않는다는 것을 여러분도 나와 같이 잘 알고 있을 것입니다. 둘 중에 하나는 떠나야 합니다. 떠날 자는 성령님이 아닙니다! 그러므로 그리스도인이 그들의 영in their spirit 에 귀신을 가지고 있다는 것은 불가능합니다!

우리는 영이고we are a spirit, 혼을 가지고 있으며we have a soul – 마음, 의지, 감정 – 몸 안에 살고 있습니다we live in a body(살전 5:23). 우리의 영은 이미 하나님께 속할 수 있습니다. 그렇지만 성경은 우리의 몸과 우리의 마음을 어떻게 하는지는 우리의 책임이라고 말하고 있습니다.

> 그러므로 형제들아 내가 하나님의 모든 자비하심으로 너희를 권하노니 너희 몸을 하나님이 기뻐하시는 거룩한 산 제물로 드리라 이는 너희가 드릴 영적 예배니라 너희는 이 세대를 본받지 말고 오직 마음을 새롭게 함으로 변화를 받아 하나님의 선하시고 기뻐하시고 온전하신 뜻이 무엇인지 분별하도록 하라   롬 12:1-2

1절은 우리의 몸을 하나님께 산 제사로 드리라고 말하고 있습니다. 우리는 우리의 몸으로 사탄이 신인 이 세상과 접촉하고 있습니다. 그러므로 우리가 우리의 것인 권세를 모르거나 권세를 사용하는 방법을 모른다면 사탄은 자주 우리 몸에 침입할 수 있는 것입니다. 사실 사도행전 10장 38절은 질병이 마귀에게 눌린 것Satanic oppression이라고 말하고 있습니다.

사탄과 귀신들은 우리 몸에 들어올 수 있을 뿐 아니라 우리의 마음에도 들어올 수 있습니다. 그렇기 때문에 우리의 마음을 하나님의 말씀으로 새롭게 하는 것은 그렇게 중요합니다(롬 12:2). 그리스도인 안에 있는 귀신들을 쫓아내는 일을 통해서 나는 항상 그 귀신들이 몸이나 마음에 있다는 것을 발견하였습니다. 절대로 영에 있는 것이 아닙니다.

귀신과 정신병

나는 사역을 한 지 66년이 되었습니다. 이 주제에 대하여 내가 연구한 것은 65년이 됩니다. 이 주제는 내가 가장 관심을 가졌던 것인데 그 이유를 말씀드리겠습니다.

내가 여섯 살 되던 해에 나의 아버지는 어머니와 가족들을 버리고 떠났습니다. 나는 아버지에 관해서는 별로 기억이 없습니다. 왜냐하면 내가 어렸을 때도 아버지는 대부분 집에 없었기 때문입니다. 결국 아버지는 완전히 떠났고 다시 돌아오지 않았습니다.

나의 어머니는 네 명의 자녀와 함께 버림받았습니다. 어머니는 우리를 위하여 생계를 이어가려고 노력을 했지만, 어떻게 하나님을 신뢰하는지 어떻게 주님께 모든 염려를 맡기는지에 대하여서는 잘 몰랐습니다. 가지고 있던 모든 문제들 때문에 마침내 어머니는 정신적으로 육체적으로 완전히 무너져 버렸습니다.

그래서 어머니와 우리는 외가에 가서 같이 살게 되었습니다. 이것은 1923년의 일이었습니다. 나는 아직 1학년을 시작하기에도 너무 어려서 학교를 가지 않고 낮에도 집에 있었습니다. 할머니는 구식의 빨래통에다 빨래판을 놓고 옷을 빨았습니다. 할머니가 밖에 계신 동안 나는 집 안에서 어머니가 자살을 하지 못하도록 잘 지켜보는 일을 맡았습니다. 이런 일은 여섯 살짜리 아이에게 깊은 인상을 남겼습니다. 당신도 그 상황을 짐작하실 수 있을 것입니다.

보다시피, 어머니는 바른 정신이her right mind 아니었습니다. 어머니는 자주 자살을 하려고 하였습니다. 할머니는 나를 부엌문 앞에 세워 놓곤 했었는데 어머니가 부엌으로 들어와서 고기를 써는 칼을 가지고 자기 목을 찌르려고 하였기 때문입니다. 엄마가 나를 제치고 들어가면 나는 할머니를 부르게 되어 있었습니다. 한두 번 그런 적이 있었습니다. 할머니는 즉시 달려들어 어머니로부터 칼을 빼앗았습니다.

내가 말한 대로 시간이 지나는 동안에, 정신 질병은 나에게 흥미로운 주제가 되었습니다. 그래서 나는 65년이 넘도록 정신병을 자세히 연구하였습니다.

어머니께서 주님과 함께 있기 위해 본향으로 가시기 전에 (그 때 어머니는 79세쯤 되었습니다), 과거에 있었던 일에 대하여 처음으로 말을 꺼냈었지만 어머니는 그것에 대한 기억이 전혀 없었습니다.

내가 칼과 자살에 대한 말을 하였을 때 어머니는 이렇게 말했습니다. "아들아, 내가 그런 일을 하지 않을 것이란 것을 너는 알지 않니. 나는 그리스도인이란다. 내가 그런 일을 할 리가 없지."

어떤 사람은 이렇게 물을 수도 있을 것입니다. "만일 어머니가 자살을 했다면 어떻게 되지요? 그래도 구원을 받았을까요?" 물론입니다!

배가 아픈 사람도 가끔 이상한 일을 합니다. 그렇지 않습니까? 머리가 아픈 사람은 더 이상한 일을 하는 것입니다. 나의 어머니는 정신분열을 앓고 있는 동안 자신이 한 일에 대해 아는 것이나 기억하는 것이 전혀 없었습니다. 이것은 어머니가 바른 정신이 아니었다는 것을 보여주는 것입니다.

코담배를 사용하다 들킨 그리스도인

1944년에 한 교회를 목회할 때 가족 때문에 이 주제에 대하여 좀 연구를 했기 때문에 나는 이 주제에 대하여 약간의 배경을 가지고 있었습니다. 우리 교회의 한 여자의 상태가 별로 좋지 않았습니다. 그 여자의 구원받지 못한 남편은 정신을 잃어서 기관에 있었습니다. 그 여자는 다섯 명의 아이들을 적은 수입으로 혼자서 양육해야 했습니다.

교회에 있던 어떤 사람이 세를 주고 있던 네 개의 아파트가 달린 궁궐 같은 집을 새로 개조하였습니다. 큰 집 뒤에는 한때 하인들이 살던 집이 있었는데 이 부자들은 그 여자와 다섯 명의 아이들을 세를 받지 않고 그 중에 한 작은 집에 살게 하였습니다.

그 아파트에 세를 살고 있던 네 가정과 작은 하인이 살던 집에 사는 사람들이 모두 우리 교회의 교인들이었습니다. 아파트에 세 들어 살고 있던 한 여자가 하루는 나의 아내와 나와 함께 이야기하려고 목사관에 왔었습니다.

그 여자는 이렇게 말했습니다. "아무개 자매님이(다섯 명의 자녀가 있는 여자) 코담배를 피운답니다."

우리 교회 교인의 자격에는 어떤 형태로든지 결코 담배를 사용해서는 안 된다는 것이 있었습니다. 사람들은 그들이 담배를 사용하지 않는다고 쓴 카드에 서명을 해야만 했습니다. 내게 와서 말을 하는 이 교회의 교인은 그 여자가 코담배를 사용한다는 말을 내게 해서 그 여자를 이 교회에서 쫓아내려고 하는 것이었습니다.

그렇지만 나는 그 여자에게 이렇게 말했습니다. "만일 당신이 그 여자가 당한 일들을 당했다면 당신이 지금 하고 있듯이 말하지는 않았을 것입니다. 우리는 그 여자를 교회에서 쫓아내지 않을 것입니다. 우리는 그 여자를 위하여 헌금을 걷고 식료품을 모으는 일을 할 것입니다. 당신은 잠자코 입을 다물고 있으십시오. 아무에게도 이런 일을 말해서는 안 됩니다."

며칠이 지나지 않아서 다섯 아이들을 데리고 혼자 사는 여자가 목사관으로 왔습니다. 그 여자는 이렇게 말했습니다. "해긴 목사님, 너무 부끄러워서 세상에 어떻게 해야 할지를 모르겠습니다."

내가 물었습니다. "무슨 일입니까?"

그 여자는 이렇게 대답했습니다. "나는 코담배 깡통을 내 앞치마 주머니에서 찾았습니다. 나는 아이들에게 이것이 어디서 난 것이냐고 물었습니다. 그 아이는 내가 가게에 가서 사오라고 자신을 보냈다고 말했습니다! 나는 그렇게 하지 않았다고 아이에게 말했습니다.

나는 나의 어머니를 겪어보았기 때문에 그 여자는 자기가 무슨 일을 하고 있는지도 몰랐다는 것을 나는 알았습니다. 이 불쌍한 여인은 너무나 큰 압박에 눌려 있어서 이런 것을 전혀 몰랐던 것입니다. 그러나 하나님께 감사합니다. 우리는 그 여자를 도와줄 수 있었고 모든 일이 잘 되었습니다.

우리는 우리의 마음을 새롭게 해야 합니다

사람의 영에는 들어갈 수 없어도 때때로 마귀는 사람의 마음에 들어갑니다. 그러나 우리의 영은 우리의 마음을 통하여 우리의 몸을 지배합니다. 그러므로 우리 그리스도인들은 하나님의 말씀으로 우리의 마음을 새롭게 해야 합니다.

> 너희는 이 세대를 본받지 말고 오직 마음을 새롭게 함으로 변화를 받아 하나님의 선하시고 기뻐하시고 온전하신 뜻이 무엇인지 분별하도록 하라
> 롬 12:2

거듭나고 성령으로 충만함을 받았어도 만일 당신의 마음을 새롭게 하지 않는다면 당신의 마음은 당신의 몸과 한 편이 될 것입니다. 그렇게 되면 당신의 영이 당신의 마음을 통하여 당신의 몸을 지배하는 대신 당신의 몸이 당신의 마음을 통하여 당신의 영을 지배하게 될 것입

니다. 그러면 당신은 사도 바울이 고린도 교회를 부른 대로 육신적인, 즉 몸의 지배를 받는 사람이 될 것입니다.

나는 텍사스주 웨이코에서 아침에는 가르치고 저녁에는 설교를 하면서 4주간의 집회를 인도한 적이 있었습니다. 나는 정신병과 우리의 권세에 관한 것들을 가르쳤습니다. 한번은 예배가 끝난 후에 어떤 부인이 내게 다가왔는데 나는 그 여자가 화가 난 것을 알 수 있었습니다.

그 여자는 이렇게 말했습니다. "당신은 육신적인 그리스도인들도 성령을 가질 수 있다고 암시하는 것은 아니지요?"

나는 이렇게 대답했습니다. "아닙니다. 부인."

그 여자는 한숨을 쉬며 조금 풀어지는 것 같았습니다.

그리고 나는 계속하여 이렇게 말했습니다. "나는 그렇게 암시한 것이 아니라 분명하게 그렇다고 말했습니다. 그렇습니다. 육신적인 그리스도인들도 성령을 가질 수 있습니다!"

나는 계속하여 말했습니다. "내가 질문을 하나 해도 되겠습니까? 부인은 성령님을 가지고 있습니까?"

그 여자는 그렇다고 대답을 했습니다. 내가 이렇게 대답했습니다. "그러면 증명이 되었습니다! 육신적인 그리스도인도 성령님을 가질 수 있습니다!"

그녀는 입을 다물지 못하고 마치 서부 텍사스에 우박이 내릴 때에 개구리처럼 눈만 깜빡거렸습니다. 그녀는 몇 분간 나를 쳐다보더니 이렇게 말했습니다. "당신 말이 맞습니다!"

하나님의 말씀으로 우리의 마음을 새롭게 하지 않는다면, 우리는 육신적인 그리스도인으로 살게 될 것입니다. 우리는 그리스도 안에 있는 우리의 합당한 권세를 알지도 못하고 행사하지도 못할 것이며, 적의 공격에 우리 자신을 열어 놓게 될 것입니다.

슬픔에 잠긴 부인으로부터 연기가 걷히다

그리스도인을 공격하는 적의 한 가지의 방법은 그들의 마음을 통해서입니다. 거듭난 사람의 영은 공격할 수 없다는 것을 잊지 마십시오. 사람의 마음이 공격을 받으면 그 사람은 정상적인 행동에서 벗어난 짓을 하게 됩니다.

1950년 텍사스주 포트워스에서 나는 8주 동안 믿음에 대해서 가르치는 집회를 갖었습니다. 성령님은 가끔 당신의 주제로부터 약간 벗어난 곳으로 인도하시기도 합니다. 빗나갔다고 해도 하나님의 말씀이므로 아직도 관련된 것이지만 당신의 노트에는 없을 수 있습니다. 성령님이 회중 가운데 있는 어떤 한 사람을 도와주려고, 어떤 때는 단 한 사람만을 돕기 위하여 당신을 다른 방향으로 인도할 수노 있습니다. 왜냐하면 성령님은 우리를 돕는 분이시기 때문입니다!

이 집회에서 나는 심령으로 믿는다는 것이 무엇을 뜻하는 것인지 가르치고 있었습니다. 나는 육체의 심장이 아니라 인간 존재의 중심 the heart of man's being에 관해서 말했습니다. 나는 회중들을 지나 80

대로 보이는 한 부인을 바라보았습니다. 그녀는 그 교회의 자원봉사자였습니다. 그 여자는 급여를 받는 직원이 아니었지만 교회에서 어느 정도 사역을 하고 있었습니다.

나는 그녀의 머리 위로 어두운 연기가 드리워져 있는 것을 보았습니다. 연기는 3호 크기의 빨래통 정도로 컸습니다. 물론 이 젊은 세대의 사람들은 3호 크기의 빨래통이 무엇인지 모를 것입니다. 이 사람들은 빨래통에 번호가 있었다는 것을 모릅니다! 이 사랑스런 영혼들을 축복해주십시오.

3호 크기의 빨래통은 당신이 살 수 있는 가장 큰 빨래통입니다. 이 커다란 어두운 구름이 그 여자의 머리 위에 있는 것은 이 여자가 아주 어려운 시험이나 시련을 당하고 있다는 것을 나타낸다는 것을 나는 알았습니다. 그리고 나는 영으로 그것이 무엇인지 보게 되었습니다. 그래서 나는 이런 것에 대하여 그 여자를 돕기 위해 가르치기 시작했습니다.

그 여자와 그 남편(1950년에 그는 이미 주님과 함께 하려고 가버렸습니다)은 내가 마지막으로 목회하였던 교회와 같은 지역에서 목회를 했었습니다. 사실, 내가 목사안수를 받을 때 그 여자의 남편이 안수위원회의 위원장이었습니다. 그는 대단한 하나님의 사람이었으며, 내가 만난 사람들 중에 가장 뛰어난 그리스도인이었습니다.

그 지방을 떠난 후 수년 후에 나는 그가 뇌졸중을 두 번 겪었다고 들었습니다. 나는 그와 그 아내가 그 당시 중부 텍사스 주에 있는 그들의 딸네 집에 살고 있다고 들었습니다. 그 부인도 안수를 받은 목사였습니다. 내가 포트 워쓰의 그 집회에서 그 여자를 만났을 때 그녀는 50년 이상 사역을 하였습니다.

성령님께서 무엇을 가르쳐야 하는지를 알려주셨으므로, 나는 사람의 뇌에 무슨 일이 생길 때는 그 사람은 자기 몸에 일어나는 일들에 대해서도 통제할 수 없다는 것을 설명했습니다. 사람에게 뇌졸중이 발생하면 뇌의 한 부분에 있는 세포들이 죽을 수 있습니다. 때로는 사탄이 질병을 통하여 사람의 몸에 들어와서 그 사람의 행동에 영향을 미칠 수 있다는 것에 대하여 설명을 했습니다.

예배가 끝나자마자 이 연로하신 여자 목사님은 내게로 왔습니다. (그때까지 나는 그녀에게 개인적으로 아무 말도 하지 않았었습니다.) 그녀는 이렇게 말했습니다. "해긴 형제, 자네가 내 머리 위에 있던 구름을 걷어내 주었습니다." (나는 내가 구름을 보았다는 것을 아무에게도 말하지 않았었습니다.)

그녀는 이렇게 말했습니다. "그 구름은 내 머리 위에 8년 동안이나 드리워져 있었습니다. 당신도 알다시피 나의 남편보다 더 친절한 사람은 없었습니다."

나는 그 분을 개인적으로 알고 있었기 때문에 그 말에 동의했습니다. 그 보다 더 친절한 사람은 없었습니다. 그 분은 어떤 사람에 대해서도 한 마디 나쁜 말도 하지 않았습니다.

그녀는 이렇게 말했습니다. "결혼한 지 50년이 넘도록 그는 내게 신경질 한 번 낸 적이 없었습니다. 두 번째 뇌졸중이 생긴 후에는 그는 왼쪽 팔과 다리가 마비가 되었습니다. 그는 걸을 수가 없어서 우리

딸이 사는 동네 병원에 입원해 있었습니다. 우리 딸이 우리 두 사람을 돌봐주고 있었습니다.

가끔 내가 침대 곁에서 이부자리를 정리해 주려고 하면 그는 오른손 주먹을 쥐고는 이렇게 말하곤 했습니다. '나는 당신을 때릴 것이야. 이 늙은 ___ 야' 그는 정말 끔찍한 말을 나에게 하곤 하였습니다.

딸과 내가 남편 옆에 서서 기도를 시작하면 남편도 우리와 함께 기도를 시작하곤 했습니다. 그는 방언으로 기도를 하게 되고 그러면 며칠 동안은 괜찮았습니다. 사역을 50년이나 하였지만 마귀에 대하여 내가 권세를 사용했어야 했다는 것을 몰랐다는 것이 부끄럽습니다."

여기 하나님을 위해 살았던 내가 알던 사람들 중에 가장 친절하고, 훌륭한 그리스도인 중의 한 사람이었던 사람을 여러분은 보았습니다. 물론 마귀는 그가 육신적으로 약할 때를 이용하려고 했었습니다. 그의 육신적인 상태 때문에 그는 스스로 권세를 사용할 처지에 있지 못했지만, 그의 주변에 있었던 그리스도인들은 권세를 가지고 있었으며 마귀에 대하여 그 권세를 사용할 수 있었습니다. (나는 당신의 집 식구들에 대하여서 권세가 없지만 당신은 권세가 있습니다.)

그녀는 말을 계속했습니다. "그렇게 오랫 동안 사역을 한 나의 남편이 천국에 가지 못했을 수도 있다는 생각 때문에 그가 죽은 후 지난 8년간 나는 어떤 구름 밑에 있었습니다. 나는 오늘 밤에야 그런 끔찍한 말을 한 것이 나의 남편이 아니었다는 것을 알았습니다. 이제야 나는 알았습니다. 그것은 나의 남편이 아니었습니다. 나와 내 딸은 그 끔찍한 것이 그에게 오는 것을 거의 볼 수 있었습니다. 그는 안색이 바뀌었습니다. 이제야 나는 우리가 그것에 대하여 권세를 취했어야 했었다는 것을 알게 되었습니다. 우리는 예수의 이름으로 권세를 취하고, 그 위에 예수님의 피를 간절히 구하고 마귀를 쫓아냈어야 했던 것입니다."

정신병으로 영향을 받은 그리스도인들은 건강하였다면 하지 않았을 이상한 일들을 할 수 있습니다. 우리는 우리에게 속한 권세를 알아서 말씀에 따라서 사역을 함으로써 그들을 자유롭게 할 수 있습니다!

한 남자가 귀신의 영향으로부터 자유롭게 되다

1975년에 나는 텍사스에 있는 어떤 사람으로부터 전화를 받았습니다. 그는 전화로 자신을 소개하고 자신의 배경에 대하여 내게 말했습니다. 그 내용을 여러분과 나누겠습니다. 먼저 어떻게 이 사람이 내게 연락을 하게 되었는지 설명을 하겠습니다.

이 사람은 텔레비전을 통해서 레스터 섬롤Dr. Lester Sumrall 박사님께서 마귀와 귀신과 이런 것들에 대하여 말하는 것을 들었습니다. 그래서 그는 섬롤 목사가 가까운 장래에 텍사스에서 집회를 하는시 알아보았습니다만 그가 자신의 상태에 대하여 이야기를 했을 때, 섬롤 목사는 그에게 내가 가까운 오클라호마에 있기 때문에 내게 연락을 하라고 했습니다. 그 사람이 내게 전화를 해서 자신의 상태에 대해서 말했을 때, 나는 그에게 털사로 와서 나와 만나자고 했습니다.

이 사람은 은퇴한 사람으로서 적어도 예순 몇 살은 되었습니다. 그는 심리학자로서 대학교수로 재직했었으며 텍사스 주의 주요한 대학에서 심리학과의 과장을 지냈던 사람이었습니다.

그는 자기 아내가 어떤 가정 모임에 참석했었는데(그 때는 은사주의 성령 쇄신 운동이 진행 중이던 시기였었습니다), 그녀는 자신이 교회의 교인이었을 뿐 거듭난 적이 없었다는 것을 알게 되었다고 말했습니다. 그녀는 거듭나게 되었고 성령으로 충만을 받아 그 증거로 방언을 말하게 되었습니다. 그녀는 그에게도 그런 모임에 가도록 하였으며, 그도 자신이 거듭난 적이 없었다는 것을 알게 되었다고 말했습니다. (어떤 교회에 속한 것과 거듭나는 것에는 상당한 차이가 있습니다. 우리는 물론 교회에 속하는 것을 믿지만, 성경은 우리가 거듭나야 한다고 말하고 있습니다[요 3:7]). 그래서 이 사람도 거듭나게 되었고 성령 충만함을 받아서 하나님의 영이 말하게 해 주시는 대로 방언을 말하게 되었습니다. 그들은 함께 오순절 계통의 한 교회를 이 년 정도 다녔습니다.

그 때 어떤 영이 그를 사로잡았으며 그는 어린 여자 아이들을 건드리기 시작하게 되었다고 말했습니다. 그는 이렇게 말했습니다. "내가 만일 이런 짓을 계속한다면 나는 감옥에 가거나 사형을 받아야 한다는 것을 물론 알고 있었습니다. 나는 계속하기를 원하지 않았습니다. 나는 도움이 필요했습니다."

그의 아내도 그와 함께 나를 만나러 왔었지만 그녀는 그의 이런 행동 때문에 이미 결혼 생활을 그만 둔 상태였습니다. 나는 이런 행동이 어떻게 시작되었는지 그 배경을 알기 위해 그에게 질문을 했습니다. 그는 심리학자가 직업이었었다고 말했습니다. 그의 전공은 범죄 심리학이었으며, 수년 동안 그는 어린 아이들을 성폭행하는 것과 같은 성도착자들에 대하여 연구를 했다고 했습니다. 그런데 어떤 이유에서인지 은퇴를 한 후 거듭나고 성령으로 충만함을 받은 후에 이런 관련 사건들을 다시 연구하기 시작했습니다. 그리고는 이 영이 그 사람을 사로잡은 것입니다.

나는 그에게 이렇게 말했습니다. "나는 그 영들을 다룰 수 있습니다. 사실, 내가 보니 세 명의 귀신들이 역사하고 있는 것을 알 수 있습니다. 그렇지만 나는 당신이 내가 말하는 것을 할 때까지 그 영들을 다루지 않겠습니다."

그는 "나는 무슨 일이든지 하겠습니다."라고 말했습니다.

나는 이렇게 말했습니다. "첫째로, 당신은 집에 돌아가자마자 그런 책들을 찾아서 모두 불에 태우십시오. 둘째로, 매일 성경을 읽으십시오. 셋째로, 매일 적어도 30분간 방언으로 기도하십시오. 만일 당신이 이렇게 하지 않을 것 같으면 나는 그 귀신들을 다루지 않겠습니다. 왜냐하면 나는 나의 시간만 낭비하게 될 것이기 때문입니다."

나는 그에게 마태복음 12장에 있는 귀신들이 자기들이 억압하고 있던 사람을 떠났을 때 무슨 일을 했는지 설명하는 이야기를 읽도록 하였습니다.

더러운 귀신이 사람에게서 나갔을 때에 물 없는 곳으로 다니며 쉬기를 구하되 쉴 곳을 얻지 못하고 이에 이르되 내가 나온 내 집으로 돌아가리라 하고 와 보니 그 집이 비고 청소되고 수리되었거늘 이에 가서 저보다 더 악한 귀신 일곱을 데리고 들어가서 거하니 그 사람의 나중 형편이 전보다 더욱 심하게 되느니라 이 악한 세대가 또한 이렇게 되리라   마 12:43-45

마귀는 항상 되돌아오려고 합니다. 만일 억압을 받고 있는 사람이 어떻게 자신의 권리를 주장하는지 – 어떻게 자기의 권세를 행사하여 마귀를 대적하는지 – 배우지 않는다면 귀신을 내어 쫓는 일은 시간만 낭비하는 것입니다. 왜냐하면 귀신들이 곧 되돌아올 것이기 때문입니다. 우리의 마음과 우리의 몸으로 무엇을 하는 것은 우리의 책임이라는 것을 기억하십시오(롬 12:1,2).

그렇기 때문에 진정한, 지속되는 도움을 받기 위해서는 이 사람은 내가 하라는 것을 해야만 했던 것입니다. 내가 이 사람에게 제일 먼저 요구했던 것은 처음에 그 영이 들어올 수 있게 하였던 것들 – 그 책들 – 을 없애버리라는 것이었습니다. 그리고 내가 그에게 둘째와 셋째로 요구한 것은 귀신이the devil 돌아와서 그 사람이 비어 있는 것을 발견하지 못하도록 하기 위한 것이었습니다. 나는 그가 나쁜 것을 없애버리고 자신을 좋은 것으로 충만하게 하여 말씀과 기도로 충만한 상태를 유지하기를 원했던 것입니다.

그 사람은 이 세 가지 일들을 모두 하겠다고 동의했으며, 나는 그

더러운 영들을 그에게서 내쫓아 주었습니다. 첫 번에 두 영은 아주 쉽게 거의 즉시 나갔습니다. 그리고 셋째도 그렇게 어렵지는 않았습니다. 세 귀신은 모두 다 그를 떠났습니다. 그리고 그 사람은 자기의 길로 갔습니다.

15개월 후에 내가 예배를 마치려는 때에 한 신사가 그의 아내와 함께 나와 이야기를 하려고 나왔습니다. 나는 그들 둘 중에 한 사람도 알아보지 못했습니다. 그들은 아주 달라 보였는데 - 그들은 훨씬 젊어 보였습니다!

우리가 악수를 했을 때 그는 이렇게 말했습니다. "나를 기억하지 못하는군요, 그렇지요?"

나는 "네, 기억이 나지 않습니다."라고 대답했습니다.

그는 자신들이 누군지 내게 말하였고, 그 때야 나는 그가 나에게 왔던 상황을 기억하였습니다. 그와 그의 아내는 내 앞에서 손을 잡고 서 있었습니다. 그는 이렇게 말했습니다. "나는 목사님이 내가 다시는 단일 분간도 문제가 없었다는 것을 아시기 바랍니다. 나는 목사님이 하라는 대로 정확하게 그렇게 했습니다. 집으로 돌아가서 나는 그 책들을 불 태워 버렸습니다. 나는 매일 성경을 읽고 매일 적어도 30분간 방언으로 기도를 합니다. 뿐만 아니라 하나님께 감사하게도 나의 아내가 돌아왔습니다."

그러자 그의 아내가 이렇게 말했습니다. "우리의 결혼 생활 중 지금이 가장 행복합니다."

하나님의 구원하심deliverance을 감사합시다! 그러나 당신은 하나님의 조건대로 구원을 받아야 합니다. 하나님의 말씀을 인하여 감사드립니다. 하나님의 말씀을 열면 빛이 비칩니다(시 119:130).

당신은 압박에 굴복하거나 압박을 하나님께 맡길 수 있습니다

내가 목회를 하던 한 교회에서는 남편으로부터 많은 고통을 받고 있던 한 부인이 있었습니다. 그녀는 그리스도인이었지만 결국은 정신적으로 말하면 무너져 버리고 말았습니다.

그녀는 내게 이렇게 말했습니다. "남편과 나는 농부였습니다. 하루는 내가 목화를 따고 있는데, 한 줄에 끝에 와서 나는 돌아서서 다른 줄을 반대편으로 시작하려고 하였습니다. 내가 기억하는 마지막 일은 내가 한 줄 끝에 왔다는 것뿐입니다. 몇 달 후에 제정신을 찾고 보니 나는 정신병원에 갇혀 있었습니다. 나는 그 동안에 세상에서 무슨 일이 일어났는지 아무 것도 몰랐습니다."

그녀가 정신을 되찾자 의사는 그 여자가 정상이라고 진단하고 집으로 보냈습니다. 그녀는 너무나 심한 압박 가운데 있었기 때문에 말하자면 순간적으로 정신의 기능을 상실하게 되었던 것입니다. 그녀는 자신이 그 주립 정신 병원에 입원해 있던 동안에 무엇을 했는지 무슨 말을 했는지 전혀 몰랐습니다. 그녀가 내게 자신의 이야기를 할 때에는 하나님께 감사하게도 완전히 건강을 되찾은 상태로서 성령 충만하고 순복음 교회에 주일학교 교사로 섬기고 있었습니다.

그러나 우리가 그 이야기를 할 때 그녀는 이렇게 말했습니다. "해긴 목사님, 만일 내가 무슨 잘못을 했다하더라도 나는 그것에 대하여서는 전혀 모릅니다." 그녀는 많은 잘못된 것을 행하고 말했을 수도 있었습니다. 그렇지만 그녀는 스스로 자신을 주관하고 있지 않았었습니다. 무슨 말인지 아시겠지요?

사람들은 크나큰 억압을 받고 있을 때는 그냥 정신을 잃어버릴 수가 있습니다. 그렇지만 하나님께 감사할 것은 만일 우리가 믿는 자로서의 우리의 권세를 알고 있다면 우리는 이런 입장에 처할 필요가 없다는 것입니다. 성경이 우리에게 억압과 근심을 없애버리는 것에 대하여 말하는 것을 우리는 알고 있습니다.

> 아무 것도 염려하지 말고 다만 모든 일에 기도와 간구로 너희 구할 것을 감사함으로 하나님께 아뢰라   빌 4:6

흠정역의 번역은 우리에게 좀 어렵게 말하고 있습니다. 확대번역본에서 읽어보겠습니다.

> 아무 일에도 근심하거나 조바심하지 말고 모든 상황과 모든 일에서 기도와 간구(분명한 요구)로 감사함으로 하나님께 너희들의 필요를 알리기를 계속하십시오   빌 4:6 (확대번역본)

성경은 하나님이 당신에게 말씀하시는 것입니다. 하나님이 무엇이라고 말씀하셨습니까? 하나님은 "안달하지 말라!"고 말씀하셨습니다. 만일 당신이 안달한다면 당신은 그 순간 말씀을 범한 것입니다. 아무것도 근심하지 말고 안달하지 마십시오. 즉, 아무 일에도 걱정하지 말라는 뜻입니다.

어떤 사람은 이렇게 말할 수도 있습니다. "내가 걱정할 수 없다면 나는 무엇을 해야 하지요?"

말씀은 모든 일에서 기도와 간구로 우리의 요구가 하나님께 알려지도록 하라고 말하고 있습니다. 당신이 안달하고 걱정하도록 유혹이 되는 것은 무엇이든지 *그것에 대하여 기도하기 시작하십시오!* 이렇게 기도의 응답을 받는 것입니다!

살다보면 문제가 생기게 마련이지만 그 문제들이 당신의 삶을 주관하도록 할 필요는 없습니다! 문제는 존재하지만 문제가 당신을 주관하게 되어 있는 것은 아닙니다. 당신이 문제를 지배해야 합니다. *당신이 문제들을 다스려야 합니다!*

오랜 세월 동안 나는 세 명의 다른 의사들로부터 많은 사람들이 병이 들고, 많은 사람들이 병원에 입원을 하고, 많은 사람들이 무덤에 있는 것은 다른 무엇보다도 근심 때문이라는 말을 들었습니다. 하나님께 감사할 것은 우리는 근심할 필요가 없다는 것입니다. 우리는 염려할 필요가 없습니다. 우리가 관심을 가지고 있을 수는 있지만 염려할 필요는 없다는 것입니다.

당신이 관심을 갖게 되는 것은 무엇이든지 모두 주님께 기도로 가지고 가십시오.

말씀에 순종하면 결과가 나타납니다

사람들은 성경에서 말하는 것은 행하지 않고 결과만 얻으려고 합니다. 그렇지만 당신이 평안하게 살기를 원한다면 말씀에 순종해야 합니다. 빌립보서 4장 7절은 우리가 6절을 순종하면 무슨 일이 일어나는지 말하고 있습니다.

> 아무 것도 염려하지 말고 다만 모든 일에 기도와 간구로 너희 구할 것을 감사함으로 하나님께 아뢰라 그리하면 모든 지각에 뛰어난 하나님의 평강이 그리스도 예수 안에서 너희 마음과 생각을 지키시리라
>
> 빌 4:6-7

6절이 말하는 것을 행하여 7절에 있는 유익한 것을 즐기십시오! 하나님의 평안은 우리 사람의 모든 이해를 초월하는 것입니다. 하나님의 평안은 기름부음과도 같습니다. 기름부음은 인간의 말로는 설명할 수 없습니다. 당신은 기름부음이 무엇인지 모를 수도 있지만 기름부음이 아닌 것에 대하여서는 잘 알 수 있습니다! 근심과 압박과 마음의 걱정보다는 하나님의 평안을 나의 삶에 가지기를 원합니다.

대부분의 그리스도인들은 시편 23편을 잘 알고 있습니다. 그렇지만 어떤 사람들에게는 이것이 그냥 아름다운 시에 지나지 않습니다. 이것은 시 이상입니다! 이것은 하나님의 성령의 영감을 받은 것으로써 우리 믿는 자들에게 속한 것입니다!

시편 23편 1절은 이렇게 말하고 있습니다. "여호와는 *나의 목자시니*…" 요한복음 10장 11절과 14절은 예수님께서 선한 목자라고 말하고 있습니다!

만일 예수님이 당신의 주님이요, 당신의 선한 목자라면 시편 23편은 당신에게 속한 것입니다! 이 시편을 이해하면 당신의 삶에 평화가 오고 당신의 근심과 걱정을 없애버리는데 도움이 될 것입니다.

여호와는 나의 목자시니 내게 부족함이 없으리로다 그가 나를 푸른 풀밭에 누이시며 쉴 만한 물 가로 인도하시는도다 내 영혼을 소생시키시고 자기 이름을 위하여 의의 길로 인도하시는도다 내가 사망의 음침한 골짜기로 다닐지라도 해를 두려워하지 않을 것은 주께서 나와 함께 하심이라 주의 지팡이와 막대기가 나를 안위하시나이다 주께서 내 원수의 목전에서 내게 상을 차려 주시고 기름을 내 머리에 부으셨으니 내 잔이 넘치나이다 내 평생에 선하심과 인자하심이 반드시 나를 따르리니 내가 여호와의 집에 영원히 살리로다

시 23:1-6 (다윗의 시)

예수님이 여러분의 목자이기 때문에 예수님은 당신의 원수의 목전에서 당신에게 상을 차려주십니다(5절). 어떤 사람은 이렇게 말할지도 모릅니다. "나는 아직도 문제를 가지고 있는데요." 문제는 여러분이 상 대신에 적을 보는 것입니다!

그렇습니다. 적은 실제로 있습니다! 그리고 문제들도 실제로 있을 것

입니다. 그렇지만 우리 원수의 목전에서 예수님은 우리 앞에 상을 차려주십니다. 원수는 그 상에 초청받지 못했습니다. 많은 그리스도인들의 문제는 그들이 상을 바라보지 않고 원수를 바라보고 있는 것입니다!

당신 앞에 차려 놓은 상으로 나와서 먹으십시오

우리는 이런 가사로 된 노래를 부르곤 했습니다. "예수님께서 하나님의 성도들에게 먹일 상을 차려주셨습니다. 와서 먹으십시오. 와서 먹으십시오." 원수를 더 이상 바라보지 마십시오. 왜냐하면 그는 당신 뒤에 있기 때문입니다. 그냥 그 상 앞에 앉으십시오. 상에 무엇이 차려져있습니까? 당신이 필요한 것은 무엇이든지 다 있습니다! 영광! 영광! 영광! 와서 먹으십시오!

어떤 사람은 이렇게 말할 수도 있습니다. "그렇습니다만 마귀는 아직도 거기 있습니다."

그렇습니다. 마귀는 아직도 거기 있습니다. 그렇지만 그는 아무 것도 할 수가 없습니다! 그냥 아버지의 상에 앉아서 마귀에게 아무런 관심도 가지지 마십시오. 사탄은 당신에게 자신과 문제에 여러분의 주의를 끌려고 할 것입니다. 그러나 그냥 사탄을 무시하십시오!

사람들은 항상 내게 오지만 그들의 문제는 그들이 아직도 원수만을 바라보고 있는 것입니다. 나도 마귀가 거기 있다는 것을 알고 있습니다. 성경도 그가 거기 있다고 말합니다. 그렇지만 성경은 원수의 목전에서 주님이 우리를 위하여 상을 차려 놓으셨다고 말하고 있습니다. 그러므로 고개를 돌려서 상을 보십시오. 주님이 벌써 다 차려 놓으셨습니다.

예수님께서 다시 돌아가서 빵을 가져오실 필요가 없습니다. 빵은 벌써 거기 있습니다. 치유는 자녀들의 빵입니다. 당신은 하나님의 자녀입니까? 치유는 이미 준비되어 있습니다. 치유는 상에 차려져 있습니다.

어떤 사람은 이렇게 말할 수도 있습니다. "만일 치유가 우리에게 속했다면, 나는 왜 치유받지 못하고 있지요?" 왜냐하면 당신이 취하지 않았기 때문입니다. 만일 당신이 나의 식탁에 앉아서 내게 "왜 접시에 빵이 없지요?"라고 묻는다면 나는 당신이 빵 바구니에서 빵을 집어들지 않았기 때문이라고 말해 줄 것입니다! 이미 그것은 거기에 있습니다. 어서 그것을 취하십시오!

당신이 필요한 것이 무엇이든지 그것을 요구하여 취하십시오. 그것은 당신 것입니다! 승리는 당신 것입니다. 치유는 당신 것입니다! 억압에서 자유롭게 되는 것도 당신 것입니다! 당신의 권세를 가지고 그리스도 안에서 당신이 필요한 모든 것을 취하십시오. 빌립보서 4장 19절은 이렇게 말하고 있습니다. "나의 하나님이 그리스도 예수 안에서 영광 가운데 그 풍성한 대로 너희 모든 쓸 것을 채우시리라." 당신은 다른 아무데도 갈 필요가 없습니다. 당신은 다른 곳을 둘러볼 필요도 없습니다. 당신이 필요로 하는 것은 모두 하나님이 당신을 위하여 준비해 놓은 상 위에 있습니다.

하나님이 우리 앞에 상을 준비하십니다. 상은 우리 앞에 있고, 마귀는 우리 뒤에 있습니다. 하나님께서 우리의 원수들이 있는 그곳에서 우리 앞에 상을 차려 주십니다. 원수가 거기 있습니다. 원수는 아직도 우리에게 이 말씀대로 역사할 수 없다고 말하고 있습니다. 그는 우리가 얼마나 나쁜 사람인지 얼마나 많은 잘못을 하였는지에 대하여 우리에게 말하고 있습니다. 원수는 우리의 과거의 모든 일들을 생각나게 합니다. 그러나 우리가 그것들을 회개하고 하나님께 용서를 빌었다면, 하나님께서는 이렇게 말씀하십니다. "나는 네가 무슨 잘못을 했는지 기억도 하지 않는다."

당신은 이렇게 말할 필요가 있을지도 모릅니다. "용서의 사발을 내게로 건네주십시오. 나는 작은 사발로는 만족할 수 없습니다. 큰 사발이 필요합니다."

하나님께서 당신을 위하여 차려놓은 상에는 무엇이 있습니까? 당신이 거듭난 후부터 영원으로 들어갈 때까지 당신이 필요로 하는 것은 무엇이든지 모든 것이 다 거기 있습니다. 그리고 이 상에는 음식이 떨어지지 않습니다! 하나님은 선하시고 그의 자비하심은 영원하시기 때문입니다(시 107:1). 결코 다함이 없습니다! 하나님께 영광을 돌립시다!

여러분에게 도움이 되었는지 모르겠습니다만 나는 설교를 하면 행복해집니다. 그냥 상 가까이 다가앉아서 먹으십시오. 차려놓은 것들이 그냥 상 위에만 있다면 아무 소용이 없습니다. 당신이 참여해야 합니다. 하나님의 선하심에 참여하고, 그의 자비에 참여하고, 그의 치유에 참여하고, 그의 구원에 참여하십시오!

이렇게 크게 말하십시오. "주께서 내 원수의 목전에서 내게 상을 차려주셨습니다."

모든 원수의 목전에서 당신의 눈을 상에서 떼지 마십시오. 당신의 눈을 준비해 놓은 것들에서 떼지 마십시오! 원수나 혹은 그가 하는 말에 주의를 기울이지 마십시오. 하나님과 하나님께서 하시는 말씀에만 주의를 기울이십시오. 그분이 상을 차려 주시는 분입니다. 와서 먹으십시오!

부록 03

기도의 권세
Authority in Prayer

[이 말씀은 케네스 이 해긴 목사님이 2001년 2월 19일에 겨울 성경 세미나 기간 중에 레마 성경 교회에서 하신 것입니다. – 편집자 주]

오랫동안 기도에 대하여 가르쳐 오면서 나는 항상 두 개의 성경 구절을 사용합니다. 이 두 구절을 본문으로 택하는 이유는 이것보다 너 좋은 성경 구절이 없다고 나는 생각하기 때문입니다. 이 두 구절은 기도라는 주제로 당신이 가르치고 싶은 어떤 것이라도 해당이 될 것입니다.

내가 사용하는 첫 성경 구절은 에베소서 6장 18절입니다. 바울이 에베소 성도들에게 쓴 편지 중의 일부입니다.

> 모든 기도와 간구를 하되 항상 성령 안에서 기도하고 이를 위하여 깨어 구하기를 항상 힘쓰며 여러 성도를 위하여 구하라 엡 6:18

두 번째 구절은 예수님이 요한복음에서 말씀하신 것 중에서 입니다.

> 너희가 내 안에 거하고 내 말이 너희 안에 거하면 무엇이든지 원하는 대로 구하라 그리하면 이루리라 요 15:7

예수님께서 "내 말"이라고 말씀하셨기 때문에 이 구절은 모든 것을 포함하고 있습니다. 그러므로 성경에서 기도의 주제에 대하여 가르치는 어떤 말도 요한복음 15장 7절에 다 포함되어 있는 것입니다.

만일 주님이 그냥 "너희가 내 안에 거하면"이라고만 말씀하셨다면 그리스도인들은 믿는 자로서 우리는 모두 그 안에 거하기 때문에 자동적으로 모든 것이 다 된 것입니다. 그러나 예수님은 "그리고 내 말이 너희 안에 거하면"이라는 말씀을 더 하셨습니다.

많은 하나님의 약속들은 조건이 있다는 것을 주의해 보셨습니까? 응답을 누리기 원한다면 당신은 그 조건들을 만족시켜야 합니다! 아무도 당신을 대신하여 조건을 만족시킬 수 없고 당신 스스로 조건을 만족시켜야 합니다. 다른 사람들이 당신이 조건을 만족시킬 수 있도록 용기를 줄 수는 있겠지만 아무도 당신을 대신하여 그 조건을 만족시켜 줄 수는 없습니다. 심지어 예수님일지라도 당신을 대신하여 해 줄 수는 없습니다.

당신의 기도에 응답을 바란다면 당신에게 주어진 지시사항을 잘 따르십시오. 당신이 예수님 안에 거하고 그의 말씀이 당신 안에 거하면 당신은 원하는 것을 구하여 받을 수 있을 것입니다.

나는 오랫동안 내가 계속하여 반복해서 말했던 것을 다시 말하고 싶습니다. 이 짧은 성경 구절에 "너희"라는 단어가 다섯 번이나 있는 것에 주의하십시오. 이렇게 반복하는 것은 당신의 기도가 하나님께 들려지고 응답을 받는 것은 하나님보다는 당신에게 더 많이 달려 있다는 사실을 나타내고 있습니다.

어떻게 그럴 수 있냐고요? 하나님께서는 어떻게 하면 당신의 기도가 들려지고 응답을 받게 되는지 이미 말씀하셨습니다. 그러므로 당신이 하나님께서 말씀하신 것을 하지 않는다면 당신은 응답을 받을 수 없습니다. *기도응답은 당신에게 달렸습니다!*

우리는 모두 기도를 확실히 믿고 있습니다. 그러나 당신의 기도가 응답되기 위해서는 만족시켜야 할 조건들이 있습니다. "너희가 내 안에 거하고 나의 말이 너희 안에 거하면…"이라고 했습니다.

기도에 있어서 우리의 권리

나는 기도에 대하여 더 깊은 것을 가르칠 수 있는 구약의 성경 구절을 보려고 합니다. 이사야 43장 25절과 26절은 우리가 기도에 있어서 가진 권세에 대한 통찰력을 주고 있습니다.

나 곧 나는 나를 위하여 네 허물을 도말하는 자니 네 죄를 기억하지 아니하리라 너는 나에게 기억이 나게 하라 우리가 함께 변론하자 너는 말하여 네가 의로움을 나타내라 사 43:25-26

이 구절은 이사야 선지자를 통하여 하나님께서 이스라엘 백성에게 하신 말씀입니다. 그러나 우리는 지금 하나님의 자녀이기 때문에 이 구절은 우리에게도 적용이 되는 것입니다(롬 8:16). 그리고 히브리서는 그리스도의 피가 어떻게 우리의 죄를 지워버렸는지를 설명하고 있습니다!(히 9:12-14 참조)

하나님께서 다음과 같이 말씀하신 것에 주의하십시오. *"나 곧 나는 나를 위하여 네 허물을 도말하는 자니 네 죄를 기억하지 아니하리라"* (사 43:25). 하나님께서 나를 위하여 나의 허물을 도말하셨고 나를 위하여 나의 죄를 기억하지 않으신다고 나는 생각을 했었습니다. 그렇지만 성경은 그렇게 말하고 있지 않습니다. 하나님께서는 하나님을 위하여 그렇게 하셨습니다! 하나님을 위하여 그렇게 하신 이유 중의 하나는 하나님께서는 당신을 축복하시기를 원하셨기 때문입니다. 그리고 하나님께서 여러분의 허물을 도말하고 당신의 불의를 용서하지 않았다면 그렇게 할 수 없었기 때문입니다. 당신은 기쁨의 소리를 지를 준비가 되어 있습니까? 26절을 다시 보겠습니다.

너는 나에게 기억이 나게 하라 우리가 함께 변론하자 너는 말하여 네가 의로움을 나타내라 사 43:26

"너는 나에게 기억이 나게 하라"는 말을 하나님께서는 무슨 뜻으로 하셨겠습니까? 다른 말로 하면 하나님께서는 "내가 잊어버리지 않게 알려다오"라고 하신 것입니다. 하나님께서 내게 무엇을 잊지 않고 생각나게 하라고 말씀하셨다면 나는 하나님께 그렇게 할 것입니다!

자연적으로도 부모들은 가끔 자녀들에게 무엇을 약속하면서 이렇게 말합니다. "너희들이 내가 잊어버리지 않도록 말해라!" 그것이 무슨 말입니까? 부모들은 그들의 자녀들로 그들의 약속을 생각나게 하여서 그들의 말한 대로 할 수 있기를 바라는 것입니다. 당신이 아이들에게 한 번만 이야기를 하면 그들은 당신에게 생각나게 할 것입니다! 그들은 계속하여 당신에게 생각나게 할 것입니다. "아빠, 아빠가 하신 말씀 기억하시죠? 이제 곧 해주실 거죠?" 그리고 다음 날… "아빠, 아직도 기억하시죠, 안 그래요?" 이와 같이 하나님께서는 우리에게 하나님이 기억하시도록 하라고 말씀하셨습니다. 그리고 우리가 하나님께 무엇이 기억나도록 해야 하는지 말씀하시고 있습니다. "네 허물을 도말하는 자니 네 죄를 기억하지 아니하리라."

하나님의 용서를 기억하고 당신의 실수를 잊어버리는 일

하나님께서는 그의 말씀이나 약속을 잊어버리지 않습니다. 그렇다면 왜 하나님께서는 우리에게 그분에게 기억나게 하라고 하실까요? 당신이 하나님께 기억나게 한다면 당신도 기억을 하게 될 것입니다.

하나님의 용서하심을 여러분에게 생각나게 하는 것은 매우 중요합니다. 왜냐하면 우리가 기도로 하나님께 나아갈 때 마귀는 당신의 과거의 모든 실수와 죄들을 당신 앞에 가져오려고 할 것이기 때문입니다. 만일 당신이 마귀가 가져다주는 생각을 즐기고 있다면 당신은 이렇게 생각하기 시작할 것입니다. '나는 하나님께 나아 갈 필요도 없어. 하나님께서는 내 기도를 듣지 않으실 거야. 나는 너무나 잘못 했어.'

아닙니다. 하나님과 당신에게 기억이 나도록 이렇게 말하십시오. "그렇습니다. 나는 실수를 많이 했습니다. 나는 잘못을 하였고 넘어졌습니다. 그러나 하나님께 감사하는 것은 하나님은 그의 거룩한 말씀에서 나의 허물을 도말하시고 나의 죄를 다시 기억하지 않으시겠다고 하셨습니다. 죄가 전혀 없었던 것같이 내가 아버지의 임재에 나올 수 있으므로 나는 아버지께 감사합니다."

어떻게 하나님께서 당신의 죄를 기억하지 않을 수 있습니까? 하나님은 하나님이십니다! 여러분과 나는 하나님이 아닙니다. 우리에게는 기억하지 않는 것이 어려운 일입니다. 그러나 하나님은 이렇게 말씀하였습니다. "나는 네 죄를 기억하지 아니하리라." 다른 말로 하면, 하나님께서는 당신의 어떤 잘못도 기억하지 않겠다는 것입니다. 하나님께서 기억하시지 않는데, 왜 당신이 기억하기를 원합니까?

과거의 죄를 생각나게 하는 일은 우리를 패배시키기 위한 마귀의 꾀입니다. 마귀는 우리가 어떻게 잘못을 했으며 얼마나 우리가 부족한지를 계속 생각하기를 원합니다. 그러나 이런 생각은 성경적이 아니며, 이런 생각은 하나님이 우리를 위해 가지고 계신 축복을 빼앗아 갑니다.

이사야 43장 25절과 26절은 우리의 과거의 잘못에 대한 죄책감을 제거해 줍니다. 큰 소리로 이렇게 말하십시오. "주님, 나는 주님께 기억나게 합니다. 주님께서 나의 허물을 도말하셨고 나의 죄를 용서하였습니다. 전혀 죄를 짓지 않은 사람처럼 나는 주님 앞에 서 있습니다."

이런 말은 우리의 기도에 믿음과 자신감을 줍니다. 우리는 하나님께 이 구절만을 기억하게 할뿐 아니라 우리가 그 안에 거하고 그의 말씀이 우리 안에 거한다면 우리는 기도에 관한 하나님의 모든 약속들을 기억나게 할 수 있습니다.

하나님께 그의 말씀을 기억나게 하기

변호사요 훌륭한 설교자이었던 찰스 피니Charles G. Finney는 기도에 관한 자기의 권세를 알았습니다. 그는 하나님의 말씀으로 인하여 권세를 가졌으며 하나님께 그의 말씀을 기억나게 함으로 그의 권세를 행사하였습니다.

피니는 29세에 구원을 받지 못하고 변호사로 일하면서 새로운 소송의뢰인들을 찾기 위하여 교회에 가기 시작해야겠다는 생각을 했습니다. 결국 그는 구원을 받았고 하나님께서는 그를 설교자로 부르셨습니다. 피니는 사도 바울 이후 최고의 부흥 전도자가 되었습니다.

나는 피니가 1828년에 전도 집회를 열기 위하여 뉴욕 주의 로체스터에 갔던 일을 읽은 적이 있습니다. 그 도시의 거의 모든 사람들이 구원받고 교회에 나가기 시작했습니다. 그 도시에 있던 유일한 극장은 사람들이 아무도 오지 않기 때문에 문을 닫아야 했습니다. 도시에 있던 유일한 술집도 문을 닫았습니다.

이런 일은 피니가 가는 곳에 여러 번이나 일어났습니다. 피니의 복음 전하는 자로서의 성공의 비결은 그의 기도생활에 있었습니다. 그는 매일 4시에 일어나서 기도를 했습니다. 그는 큰 소리로 기도를 하였기 때문에 동네로부터 멀리 떨어진 곳으로 가서 사람들이 들을 수 없도록 기도했습니다.

피니는 매일 아침 4시부터 8시까지 기도했습니다. 그는 이렇게 말한 적이 있습니다. "나는 정말 놀라운 것들을 기도를 통해서 경험했습니다. 나는 주님께 이렇게 말하고 있었습니다. '주님, 주님께서는 우리가 여기서 부흥을 가져오리라고 생각지 않습니까?' 그리고 나는 주님께 성경 구절을 하나씩 계속하여 인용하면서 기도와 부흥에 관하여 하나님께서 말씀하신 모든 것을 기억나게 하고 있었습니다." 어떻게 피니는 그렇게 담대할 수 있었습니까? 그는 기도에 관한 그의 권세와 언약을 맺은 자의 권리를 이해하고 있었기 때문이었습니다.

아브라함은 하나님께 따졌습니다

오늘날 우리 그리스도인들은 새로운 언약 아래 살고 있습니다(히 8:6; 12:24). 우리는 새 언약에 대하여 하나님께 감사합니다. 그렇지만 옛 언약 아래 있는 구약 성경에서도 하나님께서는 기도를 들으시고 응답하셨습니다. (물론 우리는 지금 더 좋은 약속과 함께 더 좋은 언약 아래 살고 있기 때문에 더 많이 할 수 있어야 합니다.)

창세기 18장에서 우리는 그들의 크나큰 죄로 인하여 하나님께서 소돔과 고모라를 멸망시키려고 하셨다는 것을 읽을 수 있습니다. 그러나 기도에 있어서 언약을 맺은 자의 권리를 알고 있던 아브라함은 두 도시를 대신하여 중재하고 하나님과 협상을 하였습니다!

> 그 사람들이 거기서 떠나 소돔으로 향하여 가고 아브라함은 여호와 앞에 그대로 섰더니 아브라함이 가까이 나아가 이르되 주께서 의인을 악인과 함께 멸하려 하시나이까 그 성 중에 의인 오십 명이 있을지라도 주께서 그 곳을 멸하시고 그 오십 의인을 위하여 용서하지 아니하시리이까 주께서 이같이 하사 의인을 악인과 함께 죽이심은 부당하오며 의인과 악인을 같이 하심도 부당하니이다 세상을 심판하시는 이가 정의를 행하실 것이 아니니이까   창 18:22-25

아브라함은 하나님과 언약을 맺은 자리에 있음을 알고 있었습니다. 하나님과 아브라함은 언약을 맺었었습니다. 그 언약은 양자에게 어떤 권리를 보장하였습니다. 아브라함은 기도에 관한 언약을 맺은 자의 권리를 알고 있었습니다. 아브라함은 그가 하나님 앞에 설 수 있는 법적 권리를 그에게 부여하는 권리와 특권이 있다는 것을 알고 있었습니다. 그래서 우리는 그가 분명하게 이렇게 말하는 것을 들을 수 있습니다.

"… 세상을 심판하시는 이가 정의를 행하실 것이 아니니이까"(25절).

이 이야기를 계속 읽어보면 당신은 아브라함이 주님께 어떤 제안을 가지고 갈 때마다 주님께서 응답하신 것을 발견하게 될 것입니다. 만일 아브라함이 "하나님께서는 롯 한 사람만을 위해서도 이 도시를 구원하시겠습니까?"라고 했어도 주님은 "물론 그렇게 하겠다."라고 대답했을 것이라고 나는 믿습니다.

구약 전체를 통하여, 우리는 하나님과의 언약 안에서 자신의 위치를 알고 그 위치를 지킨 사람들을 발견할 수 있습니다. 여호수아는 요단강을 건너는 길을 열었습니다. 그가 기도했을 때 하늘이 멈추었습니다. 엘리야는 하늘로서 불을 불러내려 물에 완전히 젖은 제물을 태웠습니다. 다윗의 용사들은 그 언약을 기억하는 한 여러 번 죽음으로부터 보호를 받았습니다. 실제로 구약의 모든 기도는 하나님의 언약의 백성들의 기도였습니다. 그 기도들은 응답이 되어야 했던 것입니다!

우리는 더 좋은 언약 아래 살고 있습니다

우리는 더 좋은 약속 위에 세운 더 좋은 언약, 새로운 언약 아래 살고 있으므로 하나님께 감사합니다(히 8:6). 더 좋은 약속이 있다는 말은 더 좋은 권리와 특권, 즉 더 좋은 권세가 있다는 뜻입니다!

우리가 잘못을 저질렀다고 해도 우리는 죄를 전혀 짓지 않은 사람처럼 하나님의 임재 안으로 들어갈 수 있습니다. 왜 그렇습니까? 우리는 하나님과 법적인 관계에 있습니다. 우리는 이에 대한 하나님의 말씀을 가지고 있습니다! 하나님은 이렇게 말씀합니다. *"나 곧 나는 나를 위하여 네 허물을 도말하는 자니 네 죄를 기억하지 아니하리라"*(사 43:25). 다시 한 번 크게 말해 보십시오. "하나님께서 나의 허물을 도말하셨습니다. 하나님께서는 내가 잘못한 어떤 것도 기억하지 않으십니다."

이사야 43장 25절은 이스라엘 백성에게 말한 것입니다. 그렇지만 이것은 오늘 날 교회에게도 적용이 되는 것입니다! 신약의 믿는 사람들은 기도에 있어서 구약의 믿는 사람들이 언약의 권리를 소유했던 것과 같이 기도에 있어서 언약의 권세와 권리를 소유하고 있습니다.

우리는 하나님께 그의 말씀을 기억나도록 해야 합니다! 기도에 있어서 권세를 가진 것에 관해 말할 때 우리는 기도에 관하여 하나님이 말씀하신 것을 기억나게 해야 하는 것입니다! 교회 역사를 통하여 강력한 기도의 사람들은 하나님께 그의 약속을 기억나게 했던 사람들입니다.

이사야 43장 26절의 마지막 부분은 이렇게 말하고 있습니다. "*…나로 기억이 나게 하고 서로 변론하자 너는 네 일을 말하여 의를 나타내라.*" 서로 변론하자! 너희는 선포하라! 다른 번역본은 이렇게 말하고 있습니다. "네가 옳다는 것을 증명하도록 너의 주장을 말하라." 이것은 우리의 일을 하나님 앞에 내어 놓도록 하나님께서 도전하시는 것입니다. 당신이 하나님의 보좌 앞에 설 때는 변호사가 하는 것과 같이 당신의 경우를 변론하는 것입니다. 변호사는 증명할 법과 이전의 판례를 계속해서 가져 옵니다. 우리의 법과 판례는 무엇입니까? 말씀입니다! 우리는 하나님께서 말씀하신 것을 하나님 앞에 가지고 오는 것입니다.

성령의 인도를 받는 기도는 계시를 가져옵니다

매일 같은 성경 구절을 읽는데 어느 날 갑자기 그 구절을 새로운 빛으로 볼 수 있다는 것은 정말 이상한 일입니다. 우리에게는 새로워 보이지만 실제로는 항상 거기 있었던 것입니다. 나는 이사야 43장 25,26절을 여러 번 읽었었지만 어찌된 일인지 이 말씀이 나에게는 즉시 완전하게 새겨지지 않았습니다. 그러나 성령님께서는 기도 가운데 우리를 인도하시고 새로운 것들을 가르쳐 주실 수 있습니다.

이 구절은 내가 기도에 대하여 가르칠 때 항상 사용하는 다른 구절을 떠오르게 합니다. 에베소서 6장 18절은 이렇게 말하고 있습니다. "모든 기도와 간구를 하되 항상 성령 안에서 기도하고 이를 위하여 깨어 구하기를 항상 힘쓰며 여러 성도를 위하여 구하라" 희랍어에서는 "성령 안에서"라고 번역된 구절은 "성령의 인도를 받으며"라는 의미를 가지고 있습니다.

우리는 에베소서 6장 18절을 다음과 같이 읽을 수 있습니다. "*성령으로 인도를 받으며 모든 기도와 간구로 항상 기도하라!*" 나는 이 말을 좋아합니다. 당신은 이 말을 좋아하십니까? 뿐만 아니라 우리는 경험을 통하여 이것이 진리인 것을 알고 있습니다. 우리가 영어로 기도하거나 방언으로 기도하거나 성령님은 다른 상황에서는 다르게 기도하도록 우리를 인도하실 것입니다.

헤인스 형제의 기적

　동부 텍사스에서 내가 마지막으로 목회를 하던 교회에서 주일학교 교장이었던 헤인스 형제는 유전에서 펌프를 작동하는 사람이었습니다. 하루는 그가 펌프에서 일하고 있을 때 미끄러져서 기계 위에 떨어졌습니다.
　이 사고가 났을 때, 나는 교회에서 부흥회를 인도하고 있었습니다. 이 부흥회를 광고하기 위해 나는 내 차 위에 마이크를 달고서 동네와 유전이 있는 곳으로 차를 타고 다니며 음악을 틀고 사람들을 부흥회에 오도록 초청 하였습니다. (그 당시에는 그런 일을 하는 일에 대한 규제가 없었습니다. 나중에 사람들이 많은 규제하는 법률을 통과시켜서 지금은 거의 숨을 쉬는 일에도 허락을 받아야 하게 되었습니다!)
　그 특별한 날, 나는 차에 이 마이크를 장치하는 일에 곤란을 겪었습니다. 헤인스 형제가 많은 연장을 가지고 있다는 것을 알고 있었기 때문에 나는 그가 일하는 유전으로 갔고 그는 나의 차 꼭대기에 마이크를 설치하는 일을 도와주었습니다. 헤인스 형제가 일하던 그곳을 떠나 시내의 중심 도로로 운전을 하고 오고 있을 때, 나의 교인 중의 하나가 차에서 경적소리를 내어 나의 주의를 끌었습니다.

내가 길 옆에 차를 세우자, 그녀는 내게 이렇게 말했습니다. "헤인스 형제가 죽었어요."

"그럴 리가 없습니다. 나는 지금 10분이나 15분 전에 그에게서 오는 길입니다. 그가 죽을 리가 없습니다."라고 나는 대답했습니다.

그녀는 이렇게 말했습니다. "목사님이 떠난 후 그는 한 막대기에 올라가 기름을 치려고 하다가 미끄러져서 기계 위에 떨어졌답니다. 불려간 의사는 그가 죽었다고 말했습니다."

나는 곧 마이크를 끄고 유전으로 다시 돌아갔습니다. 나는 땅에 담요를 깔고 눕혀져 있는 헤인스 형제 옆에 무릎을 꿇었습니다. 의사는 나에게 이렇게 말했습니다. "나는 그가 죽은 줄 알았습니다. 그러나 아직 죽지는 않았지만 살지는 못할 것입니다. 헤인스 부인을 따로 데리고 가서 준비를 시켜주시겠습니까?"

헤인스 부인을 옆으로 데리고 가서 의사가 말한 것을 들었을 때 그녀는 내게 이렇게 말했습니다. "목사님과 나는 내부 정보를 가지고 있으니 얼마나 좋습니까?"

내부 정보란 말씀 안에 있는 내용을 의미하고 있었습니다! 할렐루야!

나는 "그렇습니다!"라고 대답했습니다.

나는 그 부인에게 죽음에 대하여 준비시키지 않았습니다. 우리는 손을 붙잡고 헤인스 형제가 살 것과 치유를 받을 것을 위하여 기도했습니다! 그리고 그는 계속하여 살아 있었습니다.

의사는 처음에 우리에게 이렇게 말했습니다. "그는 충격을 받았습니다. 만일 우리가 그를 움직인다면 그를 죽이는 것이 될 것입니다." 그렇지만 45분이 지난 후에도 헤인스 형제는 아직도 살아있었습니다. 그러자 의사는 가까운 도시에 있는 더 큰 병원으로 그를 옮기기로 결정을 했습니다. 그는 나에게 그와 같이 차를 타고 가자고 했습니다.

의사는 헤인스 부인과 내가 헤인스 형제가 살아 있도록 하는 사람들이라는 것을 알고 있다고 나는 생각을 했습니다. 그래서 나는 구급차에 헤인스 부인과 함께 탔습니다. 의사는 이렇게 말했습니다. "우리는 갈 수 있는데 까지 가서는 멈춰서 그에게 주사를 주겠습니다. 우리는 그가 병원까지만 갈 수 있기를 바라고 있습니다."

나는 우리가 병원까지 갈 것을 믿었으며 우리는 병원에 도착했습니다! 긴 이야기를 짧게 말하자면, 그들은 헤인스 형제를 중환자실에 두고는 하루 24시간 동안 간호원이 대기하도록 하였습니다. 그들은 그가 언제 죽을지 모르므로 누가 항상 있기를 원했습니다. 낮에는 헤인스 부인이 있었고 나는 밤을 거기서 보냈습니다.

셋째 날 밤에, 나는 당직 의사에게 어떻게 예측되는지 물었습니다. 그는 이렇게 말했습니다. "목사님, 진실을 말하자면 그는 아직도 충격에 있습니다. 우리는 그를 충격에서 빠져 나오도록 할 수 없습니다. 우리는 우리가 아는 모든 약을 주었고 우리가 아는 모든 일을 다 했습니다. 목사님께 솔직히 말하면 그는 다른 길로 빠르게 가고 있습니다."

나는 셋째 날 밤을 기도하며 지키기 위해서 병원의 입원실로 갔습니다. 헤인스 형제는 휴식을 취하는 것 같이 보였습니다. 그래서 밤

12시 경 나는 잠깐 졸았습니다. 간호원의 소리가 한 두 시쯤 나를 깨웠습니다. 처음 헤인스 형제를 보고 나는 그가 죽은 줄 알았습니다. 그는 죽은 것 같이 보였습니다!

간호원은 그의 손톱을 관찰하고 그의 눈을 살펴보려고 그의 눈꺼풀을 뒤집어서 보고 있었습니다. 나는 그녀에게 물었습니다. "그가 죽었습니까?"

간호원은 이렇게 대답했습니다. "아니요, 아직 죽지는 않았습니다. 그렇지만 나는 그가 죽은 줄 알았습니다. 아마 내 근무 시간이 끝날 때까지는 견디지 못할 것 같습니다." (교대 시간은 5시간 후인 아침 7시였습니다.)

나는 기도를 하려고 병원복도로 나갔습니다. 물론 나는 밤 2시에 소리를 내서는 안 된다는 것을 알았습니다. 그렇게 한다면 어리석은 일입니다. 아마도 사람들이 와서 당신을 체포할 것입니다. - 그래서 나는 아주 조용히 기도를 하기 시작했습니다.

(나중에 내가 이 구절을 이사야서에서 찾았을 때 - "너는 나로 기억이 나게 하고 서로 변론하자. 너는 네 일을 말하여 의를 나타내라." (사 43:26) - 나는 성령님이 그 날 밤 나를 기도로 인도한 것을 알 수 있습니다. 성령님이 기도를 인도할 때는 언제나 하나님의 말씀과 일치할 것입니다.)

성령님이 나를 인도하였으며, 나는 복도를 걸어 다니면서 이렇게 말했습니다. "주님, 나는 헤인스 형제가 죽게 하지 않겠습니다. 첫째, 그는 나의 주일학교 교장으로서 아주 훌륭한 일꾼입니다. 주중에도 그는 주일학교에 결석한 사람들을 심방합니다. 주님, 주님께서 내게 주신 소명을 이루는 일에 나는 그가 필요합니다. 내가 그를 필요로 한다면 주님도 그가 필요합니다. 나는 이 양떼의 목자이지만, 주님은 위대한 목자이시고 모든 양 떼의 목자이십니다."

"둘째로, 헤인스 형제는 그의 수입의 10%가 아니라 35%를 교회에 바칩니다. 세무서에서 문의 해와서 나는 알고 있습니다. 교회의 비서와 나는 실제로 그가 그 만큼 교회에 헌금하였다는 증명서에 서명을 했었습니다. (1947년에 세무서에서는 어떤 사람이 그 수입의 35%를 교회에 헌금했다는 것을 믿을 수 없었던 것입니다. 그렇지만 헤인스 형제는 진실로 그렇게 했습니다.) 주님, 만일 헤인스 형제의 헌금 35%가 없어진다면 재정적으로 우리는 상당히 곤란하게 됩니다. 그는 나에게 필요합니다. 내가 그를 필요로 한다면 주님도 그를 필요로 하는 것입니다."

"셋째로, 헤인스 형제는 당신을 위하여 영향을 미치는 사람입니다. 우리 도시에 사는 중요한 사업가들은 우리 교회 사람들 전부 보다 더 그 사람의 그리스도인으로의 경험에 더 믿음을 가지고 있습니다. 나는 그가 필요합니다! 내가 그를 필요로 한다면 주님도 그를 필요로 하는 것입니다."

"넷째로, 죽음은 우리의 친구가 아니라 원수입니다. 그러므로 나는 예수님의 이름으로 원수를 꾸짖습니다. 아버지 하나님, 당신은 우리에게 장수를 약속하였습니다. 헤인스 형제는 겨우 49세 밖에 안 됩니다. 이것은 장수가 아닙니다. 그러므로 나는 죽음을 꾸짖습니다. 나는 그를 죽도록 내버려 두지 않을 것입니다."

내가 입원실로 돌아가 보니 헤인스 형제의 안색이 돌아와 있습니다. 그의 얼굴이 좋아 보여서 나는 앉아서 조금 눈을 붙였습니다. 내가 자고 있는 동안 헤인스 형제는 죽기 시작했습니다. 그래서 나는 일어나 복도로 나가서 같은 기도를 했습니다. 나는 나의 주장을 변론했습니다.

나의 주장을 변론한 후에 병실로 돌아와 보니 헤인스 형제의 안색이 다시 돌아와 있습니다. 그의 얼굴이 좋아 보여서 아침 4시경에 나는 또 잠이 들었습니다. 그러자 헤인스 형제는 다시 죽기 시작했습니다.

나는 일어나서 같은 행동을 했습니다. 당직을 마치고 아침 7시에 집에 갈 때 그 간호사는 이렇게 말했습니다. "나는 저 사람이 밤을 넘기리라고 생각하지 않았었습니다."

8시가 되자 의사가 병실에 왔습니다. 산소막을 제치고 듣기를 시작하자마자 그는 나에게 돌아서서 이렇게 말했습니다. "그는 충격에서 빠져나왔습니다. 그는 이제 더 이상 충격 상태에 있지 않습니다. 그는 살 것 같습니다! 빨리 X선 촬영을 하여 그의 상처가 얼마나 깊은지 알아보아야 하겠습니다."

X선 촬영을 한 후, 의사는 나에게 그의 갈비뼈 세 개가 부러지고, 부러진 뼈가 그의 왼편 폐를 찔러서 폐가 수축되었다고 말했습니다. 그러나 그 뼈는 다시 제 자리로 돌아가 있었습니다. 헤인스 형제의 왼쪽 팔꿈치는 완전히 부서져서 마치 썩은 나무가 부서져서 사방에 흩어진 것 같이 보였습니다. (헤인스 형제는 왼손잡이여서 글을 쓰는 것과 모든 것을 왼손으로 하였습니다.) 의사는 그 팔꿈치에 대하여서는

아무 것도 할 수 없다고 말했습니다. 어쨌든 그는 기브스를 해 주었습니다. 헤인스 형제는 골반도 두세 군데가 부러졌습니다. 헤인스 형제의 상처가 깊은 것으로 보아서 의사는 50%의 회복의 확률이 있다고 말했습니다.

의사에게 말을 하지 않았지만 나의 영은 속에서 기쁨으로 뛰고 있었습니다! 나는 헤인스 형제가 회복할 것이라고 알고 있었습니다! 그리고 그는 회복을 했습니다. 그는 의식을 되찾았고, 팔꿈치도 회복되었으며, 교회로 돌아와 여러 사람들에게 그들의 기도에 대하여 감사했습니다.

헤인스 형제가 자신의 이야기를 했습니다

나는 한 사람에게도 내가 새벽에 병원 복도에서 기도를 했다는 말을 하지 않았습니다. 아무도 내게 그런 일을 들은 적도 없고 본 사람도 없습니다. 나도 아무에게도 말을 하지 않았습니다. 그러나 헤인스 형제가 자기 경험을 이야기했을 때, 나는 내 기도가 어떤 역할을 하였는지 알게 되었습니다.

그는 이렇게 이야기를 시작했습니다. "그리스도인들이 죽는 것에 대하여 슬퍼하지 마십시오. 의식이 없는 동안 나의 영은 나의 몸을 떠났습니다. 나는 천국으로 올라갔습니다. 천국에 도착하기 전, 나는 천사들이 찬송하는 소리를 들었습니다. – 오, 정말 대단한 노래였습니다! – 이어서 성도들도 함께 노래를 불렀습니다. 예수님이 내게로 오셔서 나는 예수님 앞에 바로 무릎을 꿇고 내가 얼마나 주님을 사랑하는지에 대하여 말하려고 하는데 예수님은 이렇게 말씀하셨습니다. '너는 돌아가야 한다!'

'나는 돌아가기를 원치 않습니다.' 라고 나는 예수님께 말했습니다.

그렇지만 예수님은 나에게 다시 '너는 돌아가야 한다!' 라고 말씀하셨습니다.

'나는 돌아가기를 원치 않습니다.' 라고 나는 말했습니다."

그 후에 헤인스 형제는 우리에게 말했습니다. "이 땅을 떠난 사람들을 불쌍히 생각하지 마십시오. 그들은 돌아 올 수 있다고 하더라도 돌아오지 않을 것입니다! 나는 천국에 가 보았기 때문에 압니다!"

그는 이렇게 이야기를 계속했습니다. "그래서 예수님께서 내게 세 번째로 '너는 땅으로 돌아가야 한다!' 라고 말씀하셨습니다.

'나는 땅으로 돌아가고 싶지 않습니다.' 라고 대답했습니다.

예수님은 '해긴 형제가 너를 이곳으로 오도록 허락하지 않기 때문에 너는 돌아가야만 한다.' 라고 말씀하셨습니다.

그 때 예수님께서는 돌아서서 일종의 커튼 같은 것을 옆으로 걷었습니다. 나는 이렇게 말하는 해긴 형제의 목소리를 들을 수 있었습니다. '나는 그를 죽게 하지 않을 것입니다.' 다음에 내가 알게 된 것은 병원에서 깨어난 것입니다. 나는 아무런 고통도 없었고 그 후에도 아무런 아픔이 없었습니다."

하나님께 영광을 돌립니다! 하나님께서 바로 그를 건져내셨습니다!

무의식적으로 인도받음

내가 헤인스 형제를 위하여 기도하던 그 때에는, 내가 이사야 43장 26절 말씀을 따라서 행동하고 있다는 것을 알지 못했습니다. 나는 그런 구절이 성경에 있다는 것도 알지 못했습니다. 그러나 성령님은 그렇게 말씀과 일치하도록 나의 기도를 인도하셨습니다.

우리가 가장 놀랍게 인도받는 것들 중에 어떤 것들은 무의식적으로 받는 인도라고 생각합니다. 우리는 성령님께서 우리를 인도하고 계시다는 것도 알지 못할 수도 있습니다. 우리는 가끔 눈에 띄는 놀라운 것들을 기다리다가 초자연적인 것을 놓친다고 생각합니다.

성령님께서 그 때 나를 그렇게 인도하신 것에 대하여 나는 하나님께 감사드립니다. 헤인스 형제는 치유를 받았고 온전하게 되었습니다.

다른 사람의 일에도 간구할 수 있습니까?

여러분에게 정직하게 말하겠습니다. 그런 사고가 만일 우리 교회의 다른 사람에게 일어났다면 나는 같은 방법으로 같은 간구를 하지 못했을 것입니다! 어떤 사람들에게는, 나는 "하나님, 우리에게 자비를 베푸소서."라고 말하고 하나님의 자비에 맡기고 말았을지도 모릅니다. 그러나 우리가 사람을 알고 말씀을 알 때는 참 좋습니다. 그럴 때는 변호사 같이 하나님의 보좌 앞에 나가서 당신의 주장을 할 수 있는 것입니다!

나로 기억하게 하라Put me in remembrance; 우리가 서로 변론하자 let us plead together, 너는 너의 일을 말하여set thou forth thy cause, 그것이 정당하다는 것을 보이라that thou mayest be justified.

사 43:26 (ASV; 미국 표준 번역본)

나로 기억하게 하라Put me in remembrance; 우리의 일을 서로 토론하자let us argue our case together, 너의 일을 말하고State your case, 그것이 옳은 것을 증거하라that you may be proved right.

사 43:26 (NASB; 새 미국 표준 번역본)

하나님께서 그의 말씀에 이렇게 말씀하셨습니다. "… 서로 변론하자 …"(사 43:26). 너의 일을 말하라! 너의 주장을 말하라!

당신의 상황에 맞는 성경 구절을 찾아서 하나님께 기억나게 하십시오.

말씀을 인하여 하나님께 감사드립시다! 크게 이렇게 말해보십시오. "말씀은 내게 속한 것이다! 말씀은 내게 역사한다!"

다시 말해 보십시오. "말씀은 내게 속한 것이다. 말씀은 내게 역사한다."

말씀 안에서 당신에게 주어진 권세와 기도에서 당신이 가진 권세를 아십시오. 이 사실을 노래하십시오. 이 사실을 크게 외치십시오. 이 사실을 기뻐하십시오!

부록 04

당신의 일을 간구하라
Plead Your Case

[이 말씀은 케네스 이 해긴 목사님이 2001년 2월 20일 레마 성경 교회에서 겨울 성경 세미나에서 가르치신 것입니다. - 편집자 주]

우리의 집회에 한 번이라도 참석했던 사람은 내가 기도에 대하여 가르칠 때 항상 요한복음 15장 7절을 주제 구절로 사용한다는 것을 알 것입니다. 예수님은 이렇게 말씀하셨습니다. "너희가 내 안에 거하고 내 말이 너희 안에 거하면 무엇이든지 원하는 대로 구하라 그리하면 이루리라."

내가 항상 이 구절을 사용하는 이유는 이 말씀은 하나님의 말씀과 관련이 있기 때문입니다. 예수님은 이렇게 말씀하셨습니다. "*너희가 내 안에 거하고 내 말이 너희 안에 거하면.*" 기도에 관하여 하나님의 말씀으로 가르치는 모든 것은 요한복음 15장 7절에 다 포함되어 있습니다.

요한복음 15장 7절 이외에도 이사야 43장 25절과 26절을 공부함으로써 기도에 있어서 우리의 권세와 어떻게 우리의 주장을 하나님께 변론할 것인가에 대한 몇 가지 진리를 끌어내기 바랍니다.

> 나 곧 나는 나를 위하여 네 허물을 도말하는 자니 네 죄를 기억하지 아니하리라 너는 나에게 기억이 나게 하라 우리가 함께 변론하자 너는 말하여 네가 의로움을 나타내라   사 43:25-26

하나님께서 여러분의 허물을 도말하셨다는 것이 여러분은 기쁘지 않습니까? 하나님께서는 당신이 죄를 범했다는 것을 전혀 기억하지 않으십니다. 하나님께서 당신이 죄를 범했다는 것을 기억하지 않는데, 왜 당신은 그것을 기억하려고 합니까? 마귀가 계속 생각나게 할지라도 당신은 말씀 위에 굳게 서 있으십시오! 하나님께서 당신의 허물을 도말하셨기 때문에 당신은 아무런 죄의식도 없이 하나님의 임재 가운데 설 수 있습니다. 하나님께 영광을 돌립시다!

26절에서 하나님께서는 우리에게 하나님으로 기억나게 하라고 말씀하십니다. 우리는 하나님께서 우리의 허물을 도말하신 것과 우리의 죄를 기억하지 않는다는 것을 하나님께 기억나게 할 수 있습니다. (그 즉시 우리의 죄의식은 사라질 것입니다.)

우리는 기도에 관해서 하나님께서 말씀하신 것을 하나님께 기억나게 할 수 있습니다. 그러나 하나님의 말씀이 당신 안에 거하지 않는다면 당신은 하나님께 무엇을 기억나게 해야 할지 모를 것입니다. 그러므로 우리는 말씀으로 충만해야 합니다.

이사야 43장 26절을 다른 번역본은 이렇게 말하고 있습니다. "나로 기억하게 하라Put me in remembrance; 우리의 일을 서로 토론하자 let us argue our case together, 너의 일을 말하고State your case, 그것이 옳은 것을 증거하라that you may be proved right." (NASB; 새 미국 표준 번역본)

하나님께서 우리에게 도전하시는 말씀입니다. 하나님께서는 우리가 문제를 (우리가 기도하는 것이 무엇이든지) 하나님 앞에 내려놓기를 원하십니다. 하나님께서는 우리의 일을 말하라고 하시며, 하나님께서 말씀하신 것을 하나님께 기억나게 하라고 하시며, 우리의 이유를 말하며, 우리의 주장이 정당한 것을 말하라고 하십니다.

그러므로 당신이 기도하는 것은 무엇이든지 그것에 합당한 성경 구절을 찾아서 하나님 앞에 내려놓으십시오. 하나님께서 그의 말씀에 말씀하신 것으로 하나님께 기억나게 하십시오. 이것이 하나님께서 우리에게 하라고 하신 것입니다.

이렇게 크게 말하십시오. "성경은 하나님께서 지금 내게 하시는 말씀이다."

당신이 당신의 상황에 합당한 하나님의 말씀을 가지고 있다면, 하나님께서 그 상황을 통하여 당신에게 말씀하고 계신 것입니다! 당신이 하나님 안에 거하고 하나님의 말씀이 당신 안에 거한다면, 그 상황에 관하여 당신이 구하는 대로 이루어질 것입니다(요 15:7).

기도에 대해서 65년 이상을 가르치면서, 나는 전에도 그렇게 말했지만 지금도 다시 말할 것입니다. "당신이 기도하는 것을 약속하고 있는 성경 구절을 찾았으면 당신은 굳건한 믿음의 반석 위에 있는 것입니다." 말씀을 아는 것이 당신의 기도에 권세를 줍니다.

어떤 그리스도인들은 우리가 하나님께 무엇이든지 구할 수 있는 권리가 있다는 것을 믿지 않습니다. 그렇지만 하나님의 말씀은 그렇게 말하고 있지 않습니다. 요한복음 15장 7절은 이렇게 말하고 있습니다. "너희가 내 안에 거하고 내 말이 너희 안에 거하면 무엇이든지 원하는 대로 구하라 그리하면 이루리라."

요한복음 15장 7절에서 "구하라ask"는 단어의 희랍어는 "요구하다, 권리를 주장하다demand"라는 의미도 있습니다. 우리는 그리스도 안에서 우리에게 속한 것을 요구할demand 혹은 청구할request 권리가 있습니다. 우리는 하나님으로부터 요구하는 것이지만 교만한 투로 요구하지는 않습니다. 그렇습니다. 우리는 겸손하게 우리의 처지에서 우리와 맺은 언약의 권세를 행사하는 것입니다. 우리는 우리에게 속한 모든 유익을 즐길 권리가 있습니다!

이 구절들을 다시 한 번 복습하고 다 함께 같이 읽어봅시다.

> 너는 나에게 기억이 나게 하라 우리가 함께 변론하자 너는 말하여 네가 의로움을 나타내라   사 43:26

너희가 내 안에 거하고 내 말이 너희 안에 거하면 무엇이든지 원하는 대로 구하라 그리하면 이루리라   요 15:7

너희가 내 이름으로 무엇을 구하든지 내가 행하리니 이는 아버지로 하여금 아들로 말미암아 영광을 받으시게 하려 함이라   요 14:13

하나님의 말씀에 따르면 우리는 예수 이름으로 우리의 일을 간구하고, 기도로 구하고, 우리에게 속한 것을 요구할 어느 정도의 권세를 가지고 있습니다.

변호사같이 나의 일을 제시하기

내가 어떻게 성령님의 인도를 받아 헤인스 형제를 살아나게 해달라고 간구했는지 말했습니다. (성령님이 우리의 기도를 인도하신다면 그분은 항상 말씀과 일치하게 인도하실 것입니다.)

그 당시 나는 이사야 43장 26절에 대하여 알지 못했지만 나는 헤인스 형제가 이 땅에 우리와 같이 더 있을 수 있도록 나의 주장을 요구하였습니다.

회복한 후에 헤인스 형제는 그가 어떻게 그의 몸을 떠나서 천국에 갔었는지 말했습니다. 그렇지만 그가 그곳에 들어가기 전에 예수님께서 "너는 돌아가야 한다. 해긴 형제가 너를 오지 못하도록 하기 때문이다."라고 말씀하셨습니다. 예수님께서는 헤인스 형제에게 내가 "나는 그를 죽게 하지 않을 것입니다."라고 기도하는 것을 듣도록 허락하셨던 것입니다. (영적인 영역에서 성령님의 방법이 아니고서야 어떻게 그가 내가 하는 기도를 들을 수 있었겠습니까?)

첫 번째, 두 번째, 세 번째 등등의 이유를 말하여 나는 나의 주장을 요구했던 것입니다. 나는 하나님의 보좌 앞에 변호사같이 서서 하나님 앞에 나의 주장을 폈습니다. 이 과정에서 나는 이사야 43장 26절을 발견하게 되었으며, 나는 나 자신에게 이렇게 말했습니다. "이 말씀은 성령님께서 나를 인도하여 하게 하신 것과 똑같다." 우리가 인도받은 가장 큰 것들 중 어떤 것들은 우리가 인도받고 있다는 것도 몰랐던 것이라는 것을 기억하십시오.

그렇지만 헤인스 형제에 대한 경험 이후에는 다른 교인들을 위하여 그 구절을 사용할 기회는 한 번도 없었습니다. 내가 잘 알지도 못하는 사람을 위하여 이런 주장을 펴는 것은 내게는 상당히 어려웠을 것입니다. 자연적으로도, 변호사가 잘 알지도 못하는 사건을 위하여 변호한다는 것은 어려운 일일 것입니다.

내가 알지도 못하는 사람의 일을 주장할 수는 없습니다. 그 사람에 대하여 아무 것도 모른다면 나는 어디서부터 어떻게 시작을 해야 할지도 모를 것입니다. 그렇습니다. 그의 삶에서 그를 잘 아는 사람이 그를 위하여 간구해야 합니다.

나의 장인을 위하여 변론하였던 일

헤인스 형제 사건은 1947년에 일어났습니다. 나의 장인에 관한 사고는 1950년에 일어났습니다.

장인이 장모보다 15세나 위였기 때문에 나는 장인이 장모보다 먼저 이 세상을 떠나리라는 것을 알고 있었습니다. 나의 아내 오레따는 집안에서 외딸로 사랑을 독차지 했었습니다. 그래서 나의 아내는 장인과 매우 가까웠습니다. 하루는 기도하는 중에 나는 영으로 그가 딱 2년을 더 살게 될 것이라는 것을 알았습니다. 그분이 돌아가시는 것이 아내에게 얼마나 큰 영향을 미칠지 알므로 나는 장인의 죽음에 대해 아내를 준비시키기 시작했습니다.

나는 이런 말들을 하기 시작했습니다. "여보, 우리는 이 세상에 영원히 살지 않아. 예수님도 하나님도 우리가 죽지 않는다고 약속하지 않았잖아."

어떤 때는 이렇게 아내에게 말했습니다. "여보, 당신도 알다시피 당신의 아버지가 점점 더 늙어가는 군요."

나의 장인이 중요한 수술을 할 때가 되었습니다. 나는 그가 죽을 것을 알았지만 그에게 말하지는 않았습니다. 어떤 사람들은 내가 왜 그에게 그런 말을 하지 않았는지 이상하게 생각합니다. 모든 것을 같은 기준으로 판단할 수는 없습니다. 경우 마다 다 다른 것입니다. 그러므로 우리는 각각의 경우에 어떻게 해야 하는지 알기 위해서 성령님께 예민해야 합니다. 나는 나의 장인이 치유받을 만한 믿음이 없다는 것을 알았습니다. 그는 치유받을 위치에 있지 않았습니다. 치유를 받을 위치에 있을 수도 있었습니다만 그는 그렇게 하지 않았습니다.

나는 그에게 이렇게 말했습니다. "장인어른, 수술이 잘 안되면 어떻게 하죠? 이번에 돌아가시면 어떻게 하죠?"

그는 이렇게 말했습니다. "여보게, 내가 겪은 것을 다시 겪고 받은 고통을 다시 받느니 나는 이대로 죽는 것이 낫겠네. 나는 죽을 준비가 다 되어 있다네."

나는 진실을 말하고 있다는 것을 알았습니다. 실제로 내가 그와 함께 기도할 때 그는 소리를 질렀습니다! 그는 갈 준비가 되어 있었습니다! 이러한 상황에서는 아무 말도 하지 않고 그를 보내는 것이 더 낫다고 나는 생각을 했습니다.

그는 수술을 받았고, 수술은 성공적이었습니다. 그렇지만 혈전이 생겼는데, 1950년에는 오늘 날과 같이 혈액응고에 대한 약이나 치료하는 기술이 없었습니다. 이 혈전은 그가 의식을 잃도록 하였습니다. 그의 의사는 그의 상태를 어떤 특별한 종류의 혼수상태라고 했습니다. 그 의사의 말에 의하면 이런 혼수상태에서 깨어난 의학적인 기록이 없다고 했습니다.

나의 장모는 21일 동안을 그와 함께 있었습니다. 장모는 그가 죽을 것같이 보이자 신경쇠약을 일으켰습니다. 나의 아내가 어머니를 집으로 모시고 가서 돌보아 드려야 했습니다. 나는 장인과 계속하여 병원에 있으며 이런 생각을 했습니다. '주님, 내가 그냥 이것을 꾸짖어야 하겠습니다.'

나는 헤인스 형제와 그 때의 일을 생각했습니다. 나는 이렇게 생각했습니다. '내가 그냥 죽음을 꾸짖어 죽음이 그를 떠나라고 명령하고, 예수님의 이름으로 그가 살라고 명령을 해야겠다.' 그런데 갑자기 마치 누군가 내 옆에 서서 말하는 것같이 실제로, "그러지 말아라!"라고 말하는 소리를 들었습니다. 이 말은 내가 실제로 그렇게 할 수 있었다는 뜻으로 들렸습니다. 그 음성은 "너는 그렇게 할 수 없다."라고 말한 것이 아니라 "그렇게 하지 말아라!"라고 했던 것입니다.

이사야 43장 26절에 "우리가 서로 변론하자"라고 말한 것에 유의하십시오. 이 말은 나는 나의 주장을 펼 수 있고, 하나님께서는 당신의 주장을 펼 수 있다는 뜻입니다. 주님은 계속하여 이렇게 말씀하셨습니다. "지금이 그가 죽기에 가장 좋은 때다. 그는 죽을 준비가 되어 있다."

(과거에 나의 장인은 죽을 준비가 되어 있지 않았던 때가 있었습니다. 그 당시에 그는 몸에 많은 문제가 있었습니다. 아버지를 걱정해서 아내는 그 때 아버지가 돌아가실 준비가 되었는지 물었습니다. 그는 이렇게 대답했습니다. "애야, 준비가 되었는지 안 되었는지 나는 모르겠다. 한 때는 내가 준비가 되었다는 것을 알고 있었지만, 그런데 지금은 잘 모르겠다." 여러분도 그런 마음을 가지고 죽는 것을 원치 않을 것입니다. 안 그렇습니까? 당연한 말입니다!)

주님은 내게 이렇게 말씀하셨습니다. "지금이 그가 죽기에 가장 좋은 때다. 첫째, 그는 영적으로 준비가 되었다. 둘째, 그는 모든 사업을 정리하였다. 셋째, 그는 삶의 모든 것을 정리하였다. 그로 집으로 오게 하여라."

주님이 내게 이렇게 말씀하셨을 때, 나는 장인이 나의 아내에게 그가 준비가 되었는지 안 되었는지 모른다고 했던 때가 기억이 났습니다. 나는 나의 아내가 아버지가 준비가 되었다는 것을 알기 전에 그가 죽는 것을 원치 않았습니다. 나는 아내가 장인이 죽을 준비가 되지 않았다는 생각을 하기를 원하지 않았습니다.

(이사야가 "우리가 서로 변론하자"라고 말한 것을 기억하십시오. 이제는 내가 변론할 차례였습니다.) 그래서 나는 이렇게 말했습니다. "좋습니다. 주님, 주님께서 그가 좋은 간증을 남기고 가게 한다는 조건하에 나는 그가 돌아가시도록 하겠습니다." 나는 나의 아내가 듣기를 원했습니다.

나는 그의 병실 침대 옆에 서서 그 기도를 속삭이고 있었습니다. 내가 그 말을 채 끝나기도 전에 그는 눈을 떴습니다. 그는 나를 쳐다보고 이렇게 말했습니다. "나의 하나님, 케네스, 나는 죽는다."

나는 "저도 알고 있습니다. 장인어른."이라고 대답했습니다.

그는 방 한 구석을 가리키면서 이렇게 말했습니다. "토요일부터 저기 한 사람이(이것은 천사였습니다) 있었다."

그가 내게 이 말을 한 날은 월요일이었습니다. 나는 천정을 보았지만 천정 밖에는 보이는 것이 없었습니다. 나의 장인은 영적인 영역을 보고 있었던 것입니다.

그는 계속하여 이렇게 말했습니다. "토요일 이후 그는 죽 거기 있었다. 가끔 그가 나에게 오라고 손짓을 하였지. 나는 그에게 이렇게 말했다. '선생님, 당신이 누구인지 모릅니다만 나는 아직 준비가 안

되었습니다. 좀 기다려야 합니다.'"

그리고 나의 장인은 나를 보며 이렇게 말했습니다. "케네스, 손주들을 모두 이리 오도록 해서 내가 떠나가기 전에 아이들을 좀 보게 해 주지 않겠나?"

(그의 두 손주는 우리의 아이들인 켄과 팻 뿐이었습니다.)

"물론, 그러지요."라고 나는 대답했습니다.

나의 자녀들은 병원 규칙에 의하면 환자를 방문하기에는 너무 어리므로 나는 병원장과 만나서 특별한 요청을 해야만 했습니다. 내가 병원의 사무장과 이야기를 했을 때 그녀는 이렇게 말했습니다. "목사님, 루커씨는 이틀 전에 죽었을 사람이었습니다. (즉 나의 장인이 처음으로 천사가 오라고 하는 것은 본 토요일을 말하는 것이었습니다.) 어떻게 그분이 이렇게 오래 살아 있는지 알 수가 없네요. 그러니 병원 규칙 같은 것에 신경을 쓰지 마십시오. 그렇게 하세요. 손주들을 여기에 데리고 와서 그에게 보이도록 하세요."

나의 장인은 큰 병실을 쓰고 있었습니다. 그날 밤 우리는 그 병실에 35명이나 모였습니다. 그가 소리 내어 웃으면서 말하는 소리를 들었다면 당신은 아마도 그가 다음 날 휴가 여행이라도 떠나는 줄로 생각했을 것입니다! 그는 각 사람에게 작별인사를 하고, 저 건너편에서 모두 다시 만날 것을 약속하였습니다. 하나님을 찬양합니다!

다음 날 그는 다시 혼수상태로 돌아갔습니다. 내가 침대발치에 서 있는 데, 갑자기 그는 눈을 뜨더니 이렇게 말했습니다. "나의 하나님, 케네스, 나는 죽는다."

나는 "저도 알고 있습니다. 장인어른, 그렇지만 가는 것이 두렵지는 않으시지요."

그는 "그렇다네!"라고 말했습니다.

나는 "베개에 편안히 기대시고 가십시오!"라고 말했습니다.

그는 편안히 누워서 미소를 짓더니 떠나가셨습니다! 그의 얼굴은 빛이 빛났습니다. 방 안에 서 있던 모든 사람이 그의 얼굴이 빛나는 것을 보았습니다! 그리고 그는 집으로 갔습니다!

그 상황에서는 그것이 우리가 할 수 있는 최선의 일이었습니다. 나는 나의 일을 말했고, 하나님도 그분의 일을 말씀하셨습니다. 다른 말로 하면, 하나님께서는 하나님 편의 일을 말씀하셨습니다. 나는 내가 할 수 있는 최선의 흥정을 하였던 것입니다!

**말씀은 모두 진리이지만 어떤 구절이
당신을 위하여 역사할 것인지 아십시오**

나는 1947년에 헤인스 형제와 1950년에 나의 장인의 경우에 이사야 43장 26절을 사용할 수 있었습니다. 기도 가운데 성령님께서 당신을 인도하실 것이며, 당신은 어떤 상황에서 어떤 성경 구절 위에 서야 하는지를 알게 될 것입니다.

예를 들면, 마태복음 18장 19절은 적어도 두 사람이 동의할 경우에만 역사할 것입니다. "진실로 다시 너희에게 이르노니 너희 중에 두 사람이 땅에서 합심하여 무엇이든지 구하면 하늘에 계신 내 아버지께서 그들을 위하여 이루게 하시리라"라고 이 구절은 말하고 있습니다. 마태복음 18장 19절의 능력은 동의하는 두 사람이 없다면 역사할 수 없는 것입니다.

나는 1959년까지 다시 이사야 43장 26절을 사용할 기회가 없었습니다. 오레곤 주에서 집회를 하고 있는 중에 나의 누이로부터 어머니에 관한 전화를 받았습니다. 나의 누이는 너무나 신경이 예민해져 있었기 때문에 나는 나의 어머니의 목사님께 전화를 걸어서 더 분명한 어머니의 상태를 알아보아야 했습니다. 그 목사님은 어머니의 상태가 심각하고, 어머니께서 나를 찾고 있다고 말했습니다. 목사님은 "나라면 올 것입니다."라고 말했습니다.

그래서 나는 집회를 하고 있는 오레곤의 그 교회의 목사님에게 말했고, 그 목사님은 우리가 원래 계획하였던 것보다 더 일찍 집회를 끝내는데 동의하였습니다. 그 날은 수요일 밤이었습니다. 우리는 집회를 다음 주일 날 밤까지 하려고 계획을 했었습니다. 그 목사님과 나는 수요일을 마지막으로 집회를 끝내기로 하였습니다.

예배를 시작하면서 찬양과 경배를 드리는 시간에 나는 옆 복도에서 혼자 걸으며 기도하고 있었습니다. 주님은 계속하여 나에게 이렇게 말씀하셨습니다. "네 어머니는 지금보다 더 죽기 좋은 때가 없을 것이다. 네 어머니는 치유받을 만한 믿음이 없다. 네 어머니는 고통을 많이 받을 것이다."

그리고 주님은 내게 이렇게 말씀하셨습니다. "마가복음 11장 24절이 진리인 것과 똑같이 빌립보서 1장 21절도 진리다." 하나님께서는 어머니에 관하여 하나님의 일을 나에게 설명하고 있었습니다. 나의 어머니의 특별한 상황과 환경을 알기 때문에 주님은 어머니가 주님과 같이하면 더 좋을 것이라고 내게 말씀하고 있었습니다.

마가복음 11장 24절을 통하여 기적적인 치유를 받았기 때문에 나는 이 구절이 진리인 것을 알고 있었습니다. 빌립보서 1장 21절은 이렇게 말합니다. "이는 내게 사는 것이 그리스도니 죽는 것도 유익함이라." 나는 이 구절도 진리인 것을 알고 있었습니다. 만일 하나님의 말씀 중 하나가 진리라면 모든 말씀이 진리입니다.

사도 바울은 떠날 때와 머물 때를 결정했습니다

그리스도인이 죽으면 주님과 같이 있다는 것을 우리는 알고 있습니다(고후 5:8). 주님과 같이 있다는 것은 언제나 좋은 일입니다. 성경은 이것이 유익하다고 말하고 있습니다(빌 1:21). 그렇지만 어떤 때는 사도 바울의 경우에 그랬던 것과 같이 그 사람이 이 땅에 머무는 것이 더 좋을 때가 있습니다.

이는 내게 사는 것이 그리스도니 죽는 것도 유익함이라 그러나 만일 육신으로 사는 이것이 내 일의 열매일진대 무엇을 택해야 할는지 나는 알지 못하노라 내가 그 둘 사이에 끼었으니 차라리 세상을 떠나서

> 그리스도와 함께 있는 것이 훨씬 더 좋은 일이라 그렇게 하고 싶으나 내가 육신으로 있는 것이 너희를 위하여 더 유익하리라 내가 살 것과 너희 믿음의 진보와 기쁨을 위하여 너희 무리와 함께 거할 이것을 확실히 아노니
>
> 빌 1:21-25

바울은 떠나서 주님과 같이 있기를 원했지만, 그는 다른 사람들을 위하여서는 그가 땅에 머무는 것이 더 좋다는 것을 알았습니다. 그래서 그는 더 머물기로 하였습니다.

어떤 사람은 "나는 하나님이 준비되었을 때 우리를 데려가는 줄 알았습니다"라고 말합니다.

아닙니다. 하나님은 그렇지 않습니다. 바울은 이렇게 말했습니다. "나는 떠나기를 원한다." 만일 바울이 떠나서 주님과 함께 있기로 하였다면 이것은 바울의 결정이었을 것입니다. 그러나 그는 당시 그를 필요로 하는 사람들과 함께 하기 위해서 이 땅에 머물기로 선택을 한 것입니다. 그렇습니다. 그리스도인들은 죽어서 하나님과 함께 있기 위해 가지만 그렇다고 하나님께서 그들을 데려간 것은 아닙니다.

사도 바울은 떠나서 주님과 함께 있기를 원했습니다만 그는 이 땅에 조금 더 오래 머무르는 것이 더 좋다는 것을 알고 있었습니다. 다른 경우에는 사람들이 떠나서 주님과 같이 있는 것이 더 좋습니다. 모든 경우를 같이 취급할 수는 없으므로 당신은 성령의 인도함을 받아야 하고, 성령님은 항상 말씀과 일치하여 당신을 인도할 것입니다.

어머니를 위하여 변론함

1959년, 나는 교회 옆 복도를 왔다 갔다 하면서 나의 어머니를 위하여 기도하고 있었습니다. 주님은 나에게 이렇게 말씀하셨습니다. "네가 어머니를 천국 본향으로 오도록 한다면 어머니에게는 더 좋을 것이다. 빌립보서 1장 21절은 마가복음 11장 24절과 마찬가지로 실제적인 것이다."

주님께서 "우리가 서로 변론하자"라고 말씀하신 것을 기억하십시오. 하나님께서는 하나님 편의 일을 진술하셨고, 나는 나의 일을 진술했습니다.

나는 이렇게 말했습니다. "주님, 나는 그렇게 할 수 없습니다. 나의 아버지는 내가 여섯 살 때 떠나서 나의 온 가족을 버렸습니다. 나는 내 생애의 첫 6년간 아버지의 기억이라고는 다섯이나 여섯 번 밖에는 없습니다. 어머니는 내가 가진 부모의 전부였습니다! 어머니는 우리 네 명의 자녀들의 생계를 위해 일했습니다. 마침내 어머니는 육신적으로 정신적으로 완전히 분열을 일으켰던 것입니다."

나는 또 이렇게 말했습니다. "나는 그 동안 엄마를 위하여 별로 한 일이 없습니다. 이제 나는 겨우 재정적으로 어머니를 조금 도울 수 있는 상태가 되었습니다. 나는 아직 어머니를 보내드릴 수 없습니다."

나는 이렇게 말했습니다. "하나님께 화를 내지는 않겠지만, 만일 어머니가 죽는다면 나는 생각날 때마다 하나님께 이것을 생각나게 할 것입니다. 그리고 내가 천국에 갔을 때, 만일 그것이 지금으로부터 천만 년이 지난 후라고 할지라도 나는 하나님을 뵐 때마다 이것을 기억나게 할 것입니다."

내가 이렇게 말씀드렸을 때, 하나님은 이렇게 말씀하셨습니다. "좋다. 나는 네가 말 한대로 하겠다."

나는 "적어도 어머니에게 80년을 주십시오."라고 말했습니다. (그때 어머니는 69세였습니다.)

하나님께서는 "그렇게 하겠다."라고 말씀하셨습니다.

내가 오레곤에서 텍사스로 돌아와 보니 그들은 어머니를 병원에 입원하여 수술을 받도록 하였습니다. 의사는 내게 이렇게 말했습니다. "어머니는 세 가지가 안 좋습니다. 어머니가 회복하지 못할 확률은 90%나 됩니다. 수술에서 회복할 확률은 겨우 10% 밖에 되지 않습니다."

상당히 빈약한 회복의 확률이었지만 의사들은 내가 내부 정보, 즉 말씀 속에 있는 정보를 가지고 있다는 것을 몰랐습니다!

의사는 내게 어머니의 몸이 마치 90세 된 사람의 몸과 같으며 직장암이 있다고 했습니다. 의사는 이렇게 말했습니다. "우리가 보는 관점은 이렇습니다. 어머니는 회복할 것 같지 않습니다. 살지 못할 확률이 90%이니 만일 어머니가 돌아가신다면 우리는 수술로부터 회복한 후 어머니가 견뎌야 할 많은 고통과 비참함을 면하게 한 것이 되는 것입니다."

그렇지만 하나님을 찬양합니다. 나는 어머니가 살아서 건강해질 것에 대한 완전한 평강이 있었습니다. 어머니는 회복을 하였으며 건강하게 되었습니다!

11년 후에 어머니의 여든 회 생일이 되기 며칠 전에 어머니는 사소한 병이 발병하였습니다. 그냥 조심하려고 어머니는 병원에 입원했고 우리는 캘리포니아로부터 비행기로 와서 어머니와 함께 하였습니다.

어머니의 의사는 내게 이렇게 말했습니다. "목사님, 목사님에 대하여는 잘 모릅니다만 나는 기적을 믿습니다. 83세의 남자가 여기 입원을 했었습니다. 우리는 그에게 말기 암 수술을 하였습니다. 우리는 그가 살 수 있는 방법을 도무지 알지 못했습니다. 그런데 어떤 성직자가 와서 그에게 기름을 바르고 안수한 후 삼 일도 지나지 않아서 그는 복도를 오르락내리락 하였습니다. 우리는 그를 퇴원시켜서 집으로 보내드렸습니다."

이 의사는 또 이렇게 말했습니다. "나는 기적을 믿습니다. 의학적으로 말하면 당신의 어머니가 받았던 수술은 3년 이상을 견디지 못하는 것입니다. 그렇지만 이미 11년이나 되었고 아직도 멀쩡하지 않습니까. 어떻게 그리고 왜 그런지는 오직 전능하신 하나님만이 아시는 일입니다."

그러나 내가 엄마와 이야기를 하니 어머니는 이렇게 말했습니다. "아마도 이제 떠날 시간이 된 것 같다."

나도 어머니가 떠날 때가 된 것을 알고 있었지만 나는 어머니에게 말하지 않았습니다. 나는 그냥 "아마 그럴 수도 있겠지요. 엄마, 집으로 가시지요."라고 말했습니다.

그리고 어머니는 영광스럽게 하늘나라 집으로 돌아가셨습니다! 영원히 하나님을 찬양합니다!

어떤 때는 하나님께서는 우리나 우리의 가족들에 관해 앞으로 올 일에 대하여 말씀하십니다. 그리고 어떤 때는 당신이 기도를 통하여 그 일을 바꿀 수 있지만, 어떤 때는 바꿀 수 없습니다. 그렇지만 하나님께 당신의 일을 말하는 것은 절대로 손해가 없습니다. 하나님께서 당신에게 그렇게 하라고 말씀하셨습니다!

자연적인 지혜로도 당신의 생명을 구할 수 있습니다

수년 전에 동부 텍사스 유전지역에서 폭발이 일어났습니다. 두 남자 사촌들이 심하게 화상을 입고 병원으로 옮겨졌습니다. 의사들은 두 사람에게 모두 살 가망이 없다고 했습니다.

그들의 가족들의 한 사람이 순복음 교회에 교인이었으므로 그녀는 목사님께 심방을 부탁하였습니다. 왜냐하면 화상을 입은 두 사람은 다 그리스도인이 아니었기 때문입니다. 그 목사는 두 사람을 다 구원으로 인도하였습니다.

결국 한 사람은 죽었고 다른 한 사람은 살았습니다. 나중에 나는 살아난 한 사람이 다니는 교회에서 집회를 하였습니다. 내가 그에게 안수하자 그는 성령으로 충만함을 받았습니다.

그 교회의 목사가 나중에 나에게 이렇게 말했습니다. "석유회사에서는 매주 화요일마다 안전에 대한 회의를 가졌다고 합니다. 이 두 사람은 모두 안전에 대한 규칙을 어기고 있었습니다. '뚜껑이 열린 석유통을 불 근처에서 다루지 마십시오.' 그들은 5갤런의 열린 석유통을 취급하고 있었습니다. 그것이 불에 쏟아져 폭발하였던 것입니다. 나는 사람들이 안전규정을 잘 지키면 그렇게 많은 사람들이 죽지 않는다는 것에 대하여 알게 되었습니다."

이 세상의 삶에서도 지혜를 사용하는 것이 중요합니다. 우리가 무모하게 살면서 우리의 안전을 위하여 세워진 자연적인 규율을 지키지 않는다면 우리는 그에 대한 값을 치러야 합니다. 우리를 보호하기 위하여 만들어준 영적인 법들을 무시한다면 그 위험에 대하여서는 우리 스스로 책임을 져야 합니다! 우리는 우리가 생각하는 것보다 훨씬 더 많이 우리가 언제 죽는지에 대한 책임이 있습니다! 현명하게 살면서 지시사항에 주의하고, 하나님의 말씀에 순종하는 것은 좋은 보상이 있습니다.

출애굽기 23장 26절에서 하나님께서는 이렇게 말씀하고 계십니다. "네 나라에 낙태하는 자가 없고 임신하지 못하는 자가 없을 것이라 내가 너의 날 수를 채우리라." 너의 날 수라는 것이 무엇입니까? 시편 91편 16절은 이렇게 말합니다. "내가 그를 장수하게 함으로 그를 만족하게 하며 나의 구원을 그에게 보이리라 하시도다."

만일 당신이 하나님을 따르면서 당신의 삶의 길이에 대하여 만족하지 않는다면 계속 더 사십시오! 만일 당신이 만족하게 사셨다면 집으로 돌아가십시오! 그러나 당신 스스로 결정하고 마귀가 당신을 대신하여 결정하도록 허락하지 마십시오.

탈진하여 본향으로 돌아가기로 결정함

언제 우리가 주님과 같이 있기 위하여 갈 것인가 선택하는 것에 관한 우리의 권세에 대하여 조금 더 말하겠습니다.

수년 전에 우리는 캘리포니아에서 설교를 하고 있었습니다. 우리는 우리 친구를 방문하려고 잠깐 들렀습니다. 그 여자는 이렇게 말했습니다. "해긴 형제, 우리 할머니를 기억하시지요?"

"네."라고 나는 대답했습니다.

(그녀의 아버지와 어머니는 오순절 목사였었습니다. 그녀의 할머니[그녀의 아버지의 어머니]는 93세로 아직 건강하게 살아계셨습니다.)

그녀는 계속하여 이렇게 말했습니다. "할머니는 연세에 비하여 아주 건강하고 활발하십니다! 그렇지만 할머니는 조금씩 나빠지기 시작했습니다. 의사는 할머니가 질병이나 병 같은 육체적인 문제는 아무 것도 없다고 합니다. 의사는 할머니의 몸이 단순히 낡았다고 합니다."

우리의 육신의 몸이 낡아지는 것은 자연적인 삶의 한 부분입니다. 사도 바울은 이렇게 말했습니다. "그러므로 우리가 낙심하지 아니하노니 겉사람은 낡아지나 우리의 속사람은 날로 새로워지도다"(고후 4:16).

겉사람은 낡아지고 있으며 이것은 사연적인 삶의 사실입니다. 그러나 하나님께 감사할 것은 우리의 속사람은 날마다 새로워지고 있다는 것입니다!

내가 방문했을 때 그녀의 할머니는 침대에 누워 있었습니다. 할머니는 내가 오는 것을 알고 이렇게 말했습니다. "해긴 형제가 오면 나를 위해 기도를 하도록 해 다오."

내가 할머니를 위하여 기도하러 들어가자 할머니는 내게 이렇게 말했습니다. "해긴 형제, 나는 아흔 세 살입니다. 나는 그냥 힘이 다 했습니다. 나는 집으로 가고 싶으니 집에 갈 수 있도록 목사님이 기도해 주시기 바랍니다."

나는 "물론, 할머니는 집으로 가실 수 있습니다. 그것은 할머니께 달렸습니다."라고 말했습니다.

나는 침대의 발치에 서 있었습니다. 그래서 나는 할머니의 발을 손으로 잡고 기도했습니다. 40분 만에 할머니는 집으로 가셨습니다.

그리스도인들에게는 죽음은 패배가 아닙니다! 하나님을 찬양합시다. 승리가 있습니다!

삶과 죽음에서 하나님께 영광을 돌림

주님이 더디 오신다면 우리 모두는 결국 죽어서 이 자연적인 몸을 떠나 주님과 함께 하기 위해 갈 것입니다. 그러나 어떤 믿는 사람도 일찍 죽는 것은 하나님의 뜻이 아닙니다. 하나님은 우리가 하나님이 주시는 건강을 누리며 오래 살기를 바라십니다. 이와 같이, 우리의 삶은 하나님께 영광을 돌리고 우리의 죽음도 마찬가지 입니다. 왜냐하면 우리가 죽는 것은 겉사람이 그냥 자연적으로 노쇠하여 지는 것이고 병이나 사고나 혹은 다른 원인이 아닐 것이기 때문입니다.

이는 우리 주 예수 그리스도께서 내게 지시하신 것 같이 나도 나의
장막을 벗어날 것이 임박한 줄을 앎이라 벧후 1:14

어떻게 이 육신의 몸을 벗습니까? 죽음을 통하여 벗습니다.
요한복음 21장이 그것을 말하고 있습니다.

내가 진실로 진실로 네게 이르노니 네가 젊어서는 스스로 띠 띠고
원하는 곳으로 다녔거니와 늙어서는 네 팔을 벌리리니 남이 네게
띠 띠우고 원하지 아니하는 곳으로 데려가리라 이 말씀을 하심은
베드로가 어떠한 죽음으로 하나님께 영광을 돌릴 것을 가리키심이
러라 이 말씀을 하시고 베드로에게 이르시되 나를 따르라 하시니
요 21:18-19

우리는 사나 죽으나 하나님께 영광을 돌릴 수 있습니다. 어떻게 죽음이 하나님께 영광을 돌릴 수 있습니까? 건강하게 오래 살다가 기쁨으로 우리의 달려갈 길을 마치고 천국에 가는 것이 죽음으로 하나님께 영광을 돌리는 것입니다.

그의 삶의 여정을 다 마치고 바울은 이렇게 말했습니다. "*전제와 같이 내가 벌써 부어지고 나의 떠날 시각이 가까웠도다 나는 선한 싸움을 싸우고 나의 달려갈 길을 마치고 믿음을 지켰으니 이제 후로는 나를 위하여 의의 면류관이 예비되었으므로 주 곧 의로우신 재판장이 그 날에 내게 주실 것이며 내게만 아니라 주의 나타나심을 사모하는*

모든 자에게도니라"(딤후 4:6-8). 바울은 선한 싸움을 싸우고 그의 경주를 다 마친 후 바쳐질 준비가 되어 있었습니다. 그래서 그는 떠나서 주님과 같이 있도록 본향으로 간 것입니다.

하나님께 영광을 돌립니다!

이사야 43장 26절은 "우리가 서로 변론하자"라고 말하고 있습니다. 이 말은 나는 하나님께 말씀드리고, 하나님은 내게 말씀하신다는 말입니다. 나는 나의 일을 진술하고, 하나님도 하나님의 일을 진술한다는 말입니다.

나는 여러분에게 내가 어떻게 주님 앞에 나의 일을 진술하였는지 두어 가지를 말씀드렸습니다. 한 번 이상 기도로 나는 나의 일을 진술하였고, 주님도 그의 일을 진술하셨습니다. 그리고 주님은 이렇게 말씀하셨습니다. "좋다. 나는 그것에 대하여 네가 말하는 것은 무엇이든지 시행하겠다." 그리고 내가 말한 것은 주님의 말씀대로 그렇게 하셨습니다. 물론 나는 어떤 것도 교만한 투로 주님께 말씀드리지 않고 겸손한 투로 말씀드렸습니다.

요한복음 15장 7절은 이렇게 말하고 있습니다. "너희가 내 안에 거하고 내 말이 너희 안에 거하면 네가 무엇이든지 원하는 대로 구하라 그리하면 이루리라." 지금은 하나님의 말씀 안에서 하나님이 우리에게 주신 권세를 사용하며, 기도 가운데 우리의 언약에 속한 권리를 행사하며 살 때입니다.

예언적인 말 Prophetic Utterance

몇 명의 강한 사람만이 들어갔던 기도의 자리가 있다.
너희가 조금 더 많은 시간을 드려 나를 기다린다면, 라고
주님께서 말씀하신다.
그리고 영으로 기도하면
너희는 더 높은 영역으로 들어가게 될 것이다.
너무 많은 사람들이 혼의 영역에서 살고 있다.
그리고 혼적인 관점에서 하나님을 찾고 있다.
그렇지만 그들은 영적인 세계가 있다는 것을 배워야 한다.
영적인 영역이 있다.
하나님은 영이다.
하나님은 모든 영의 아버지다.
사람은 영이다!
사람의 영은 크고 강하며 거룩한 아버지와 접촉한다.
크고 놀라운 성령님은 영과 영으로 Spirit to spirit 교통한다.

예언적인 말

네, 네, 그 안에 있는 자리가 있습니다.
지극히 높으신 분의 비밀한 장소 안에 있는 곳입니다.

아버지와 교통하는 곳이 있습니다.

거기서 그분은 당신의 영에게 말씀하십니다.

거기서 당신의 영은 그분께 주장합니다plead.

우리 대부분이 들어가 보지 못한

영광스러운 영역이 있습니다.

하나님은 영광의 하나님이기 때문입니다.

하나님의 영광은 당신에게 나타날 것이기 때문입니다.

그의 영광은 당신의 기도의 삶에 나타날 것입니다.

그리고 주님의 영광,

주님의 영광은 여러 사람들에게 나타날 것입니다.

심령에는 기쁨이 있을 것입니다.

찬양이 있을 것입니다.

그리고 영광이 있을 것입니다.

지은이 | **케네스 해긴** Kenneth E. Hagin

케네스 E. 해긴은 17세 때 선천성 기형 심장병과 불치의 혈액병에서 기적적으로 치유받은 후, 거의 70년이 넘도록 사역하였다. 해긴 목사님은 2003년 주님께로 가셨지만 그가 세운 사역은 지속적으로 온 세계 수많은 사람들에게 복이 되고 있다. 케네스 해긴 미니스트리의 사역으로는 무료 월간지인「믿음의 말씀」, 레마성경훈련소, 레마 동창회, 국제레마사역자연합회, 레마통신성경학교, 교도소사역 등이 있다. 해긴 목사님의 아들과 그의 아내인 케네스 W. 해긴과 리넷 해긴은 평일 라디오 프로그램인 레마 찬양과 매주 텔레비전 방송, 그리고 전국적으로 행해지는 대형집회 등의 레마 사역들을 함께 하고 있다.

옮긴이 | **김진호**

80년대 초 미국의 은사주의 운동이 한창일 때 유학 중에 "믿음의 말씀"을 처음 접하였다. 신학대학원과 교회를 개척하며 미연합감리교회 목사로 안수받고 귀국하여 1990년 서울에서 "예닮교회"를 개척하였으며, 그 후 "그리스도의 대사들교회"로 개명하였다. 2021년 담임 목회에서 은퇴했다. 부인 최순애 목사와 함께 예수선교사관학교(Jesus Mission Academy)와 믿음의말씀사(FaithBook)를 통하여 "새로운 피조물의 계시"를 전파하고 있다. 목회자와 성도들을 이 복음으로 훈련하여 새 시대에 사도행전 교회를 세우는 하나님의 군대의 번영을 바라보며 "새로운 피조물 미니스트리(New Creation Ministries)"를 섬기고 있다.

믿음의말씀사 출판물

구입문의 : 031-8005-5483 http://faithbook.kr

■ 케네스 해긴의 「믿음 도서관」 책들
- 새로운 탄생
- 재정 분야의 순종
- 나는 지옥에 갔다 왔습니다
- 하나님의 처방약
- 더 좋은 언약
- 예수의 보배로운 피
- 하나님을 탓하지 마십시오
- 네 주장을 변론하라
- 셀 모임에서 성령인도 받기
- 안수
- 치유를 유지하는 법
- 사랑은 결코 실패하지 않습니다
- 하나님께서 내게 가르쳐 주신 형통의 계시
- 왜 능력 아래 쓰러지는가?
- 다가오는 회복
- 잊어버리는 법을 배우기
- 위대한 세 단어
- 하나님의 은사와 부르심
- 그 이름은 "놀라우신 분"
- 우리에게 속한 것을 알기
- 성령을 받는 성경적인 방법
- 하나님의 영광
- 은혜 안에서의 성장을 방해하는 다섯 가지
- 사랑 가운데 걷는 법
- 바울의 계시: 화해의 복음
- 당신은 당신이 말하는 것을 가질 수 있습니다
- 그리스도 안에서
- 말
- 방언기도의 능력을 풀어 놓으라
- 옳은 사고방식 틀린 사고방식
- 속량-가난, 질병, 영적 죽음에서 값 주고 되사다
- 네 염려를 주께 맡겨라
- 예언을 분별하는 일곱 단계
- 절망적인 상황을 반전시키기
- 당신의 믿음을 풀어 놓는 법
- 진짜 믿음
- 믿음이란 무엇인가
- 그리스도께서 지금 하고 계시는 일
- 충분하고도 넘치는 하나님 엘 샤다이
- 금식에 관한 상식
- 하나님의 말씀 : 모든 것을 고치는 치료제
- 가족을 섬기는 법
- 조에
- 당신이 알아야 하는 신유에 관한 일곱 가지 원리
- 여성에 관한 질문들
- 인간의 세 가지 본성
- 몸의 치유와 속죄
- 크게 성장하는 믿음
- 하나님 가족의 특권

- 기도의 기술
- 나는 환상을 믿습니다
- 병을 고치는 하나님의 말씀
- 영적 성장
- 신선한 기름부음
- 믿음이 흔들리고 패배한 것 같을 때 승리를 얻는 법
- 믿음의 선한 싸움을 싸우는 법
- 하나님의 계획과 목적과 추구
- 예수 열린 문
- 믿음의 계단
- 당신을 향한 하나님의 계획
- 역사하는 기도
- 기름부음의 이해
- 내주하시는 성령 임하시는 성령
- 재정적인 번영에 대한 성경적 열쇠들
- 어떻게 하나님의 영으로 인도받을 수 있는가?
- 마이더스 터치
- 치유의 기름부음
- 그리스도의 선물
- 방언
- 믿는 자의 권세(생애기념판)
- 믿음의 양식
- 승리하는 교회

■ E. W. 케넨
- 십자가에서 보좌까지 무슨 일이 일어났는가?
- 두 가지 의
- 놀라우신 그 이름 예수
- 하나님 아버지와 그분의 가족
- 나의 신분증
- 두 가지 생명
- 새로운 종류의 사랑
- 그분의 임재 안에서
- 속량의 관점에서 본 성경
- 두 가지 지식
- 피의 언약
- 숨은 사람
- 두 가지 믿음
- 새로운 피조물의 실재

■ 스미스 위글스워스
- 스미스 위글스워스의 천국
- 스미스 위글스워스의 매일묵상
- 위글스워스는 이렇게 했다
- 스미스 위글스워스의 능력의 비밀

■ T. L. 오스본
- 행동하는 신자들
- 기적 – 하나님 사랑의 증거
- 새롭게 시작하는 기적 인생

- 좋은 인생
- 성경적인 치유
- 능력으로 역사하는 메시지
- 100개의 신유 진리
- 24 기도 원리 7 기도 우선순위
- 하나님의 큰 그림
- 긍정적 욕망의 힘
- 당신은 하나님의 최고의 작품입니다

■ 잔 오스틴
- 믿음의 말씀 고백기도집
- 하나님의 사랑의 흐름
- 견고한 진 무너뜨리기
- 초자연적인 흐름을 따르는 법
- 당신의 운명을 바꿀 수 있습니다
- 어떻게 하나님의 능력을 풀어놓을 수 있는가?

■ 크리스 오야킬로메
- 여기서 머물지 말라
- 이제 당신이 거듭났으니
- 당신의 인생을 재창조하라
- 이 마차에 함께 타라
- 그리스도 안에 있는 당신의 권리
- 성령님과 당신
- 성령님이 당신 안에서 행하실 일곱 가지
- 성령님이 당신을 위해 행하실 일곱 가지
- 기적을 받고 유지하는 법
- 하나님께서 당신을 방문하실 때
- 올바른 방식으로 기도하기
- 당신의 믿음을 역사하게 하는 법
- 끝없이 샘솟는 기쁨
- 기름과 겉옷
- 약속의 땅
- 하나님의 일곱 영
- 예언
- 시온의 문
- 하늘에서 온 치유
- 효과적으로 기도하는 법
- 어떤 질병도 없이
- **주제별 말씀**의 실재
- 마음의 능력

■ 앤드류 워맥
- 당신은 이미 가졌습니다
- 은혜와 믿음의 균형 안에 사는 삶
- 하나님의 참 본성
- 하나님은 당신이 건강하기 원하십니다
- 영·혼·몸
- 전쟁은 끝났습니다
- 믿는 자의 권세
- 새로운 당신과 성령님
- 노력 없이 오는 변화
- 하나님의 충만함 안에 거하는 열쇠
- 더 좋은 기도 방법 한 가지
- 재정의 청지기 직분
- 하나님을 제한하지 마라
- 하나님의 뜻을 발견하고 따라가며 성취하라
- 하나님의 참 본성
- 하나님의 최선 안에 사는 법
- 더 큰 은혜 더 큰 은총
- 리더십의 10가지 핵심요소

■ 기타「믿음의 말씀」설교자들
- 성령의 삶 능력의 삶
- 복을 취하는 법
- 주는 자에게 복이 되는 선물
- 믿음으로 사는 삶
- 붉은 줄의 기적
- 당신이 말한 대로 얻게 됩니다
- 예수-치유의 길 건강의 능력
- 성령 안의 내 능력
- 존 G. 레이크의 치유
- 믿음과 고백
- 임재 중심 교회
- 성령충만한 그리스도인의 지침서
- 열정과 끈기
- 제자 만들기
- 어떻게 교회를 배가하는가
- 운명
- 모든 사람을 위한 치유
- 회복된 통치권
- 그렇지 않습니다
- 당신의 자녀를 리더로 훈련하라
- 오순절 운동을 일으킨 하나님의 바람
- 주일 예배를 넘어서
- 신약교회를 찾아서
- 내가 올 때까지
- 매일의 불씨
- 여성의 건강한 자아상

■ 김진호·최순애
- 왕과 제사장
- 새로운 피조물의 실재
- 믿음의 반석
- 새 언약의 기도
- 새로운 피조물 고백기도집(한글판/한영대조판)
- 성령 인도
- 복음의 신조
- 존중하는 삶
- 성경의 세 가지 접근
- 말씀 묵상과 고백
- 그리스도의 교리
- 영혼 구원
- 새로운 피조물
- 믿음의 말씀 운동의 뿌리
- 1인 기업가 마인드
- 내 양을 치라
- 새사람을 입으라